JN437005

그 돌아갈 수 없는

그 돌아갈 수 없는

김윤재 수필집

수필과비평사

책머리에

강을 닮고 싶었다.
공산성 만하루에 앉아 있으면
한눈에 들어오는 강의 크기만큼.
누군가 해찰을 부리다 놓고 간 신발 한 짝의
외로움만큼.
신발을 찾으러 다시 강에 가야 하는 소망만큼.
그 꿈 있어 다행이다.

2015년 12월 김윤재

차례

2부

3부

4부

5부

1부

친정으로의 여행은 가부장적인 사회로부터 모계 사회로 돌아가는 세월여행이다. 현실 속에 존재하지 않거나 혹은 잃어 버렸던 옛 기억을 떠올리는 시간. 어머니는 그곳에서 무엇을 찾고 싶어 하셨던 것일까. 삶의 무게보다도 아버지의 자존심을 세워드리기 위해 참았던 세월의 덧없음이었을까. 채마밭 입구에 남아 있는 샘물의 산문 같은 정겨움을 느끼기 위함이었을까.

소설은 시작되었다

요즘 나는 밥心으로 산다.

바~ㅂ. 위아랫입술이 떨어졌다 이내 붙으며 내는 촌스러운 단어. 그 밥이 없으면 하루도 견디지 못한다. 한 끼만 걸러도 손이 떨리고 머리가 띵하니 몸이 개운치 않다. 이런 나를 두고 누군가 젖배를 곯아서 그렇다고 일러줬다. 하지만 내가 어렸을 때 풍족한 살림은 아니었지만 궁핍하지도 않았던 것을 보면, 자신이 살아온 이야기를 쓰자면 소설 몇 권은 될 것이라고 평생을 우려먹는 노인처럼 나의 소설도 이제 서두를 써야 할 때가 온 것 같다.

나는 어린 시절 햄버거가 있는 줄 몰랐다. 피자나 스파

게티는 더더욱 몰랐다. 남새밭에서 자란 푸성귀와 장독대에서 누렇게 익은 된장을 먹고 자랐다. 무더위가 익어 가면 우리 집 밥상에는 닭볶음탕이 올라왔다. 닭장에서 끌려나온 튼실한 닭이 끓는 물에 들어가 털이 뽑히고 도마 위에서 토막 쳐지는 모습을 보며 나는 키가 자랐다. 마른버짐을 없애는 유일한 보양식이었다. 저녁 밥상에 올라온 커다란 냄비엔 닭고기보다 주먹만 한 감자와 애호박이 가득했지만 우리 가족의 젓가락질엔 힘이 넘쳤다. 두 개의 닭다리는 아버지와 오빠의 몫이었다. 가족이 지켜야 하는 질서였다. 형제 누구도 닭다리에 젓가락을 대지 않았지만 내 뱃속에선 강력하게 닭다리를 원했다. 먹고 싶은 것을 눈앞에 두고 먹지 못하는 것이 얼마나 원초적인 고통인지 어린 나이에 나는 알고 말았다. 그때 닭다리를 실컷 먹었으면 활기차게 뛰어다니는 적극적인 성격이 되었을 텐데. 못내 아쉽다.

지금도 재빠르게 닭다리를 향하는 내 젓가락질 속도보다 어머니의 팔꿈치가 더 빨리 내 옆구리를 찍어 누르셨던 감촉을 잊지 못한다.

겉멋이 칠 할이던 30~40십대. 내게는 꼭 밥을 먹어야 한다는 철학이 없었다. 굳이 때를 챙겨야 하는 일이 부담스러울 때도 있었다. 커피 한 잔에 빵 한 조각으로 설렁설렁

아침을 대신하며 서양 음식에 눈뜨기 시작했다. 피자를 집적 구웠고 돈가스도 열심히 튀겼다. 해산물과 야채를 듬뿍 넣은 스파게티는 인기 메뉴였다. 신선한 재료를 구입하기 위해 새벽 장을 보았고 다양한 요리법을 습득하기 위해 학원을 찾기도 했다. 내가 만든 음식에 반한 친구들은 한 달에 몇 번씩 집에 들렀다. 내가 만든 요리 속에는 사람의 마음을 치료하는 맛이 들어있었다. 남편과의 불화로 힘이 든 친구도 시부모님 병수발에 지친 친구도 내가 만든 음식을 먹고 나면 힘이 난다고 했다. 참 건강한 시절이었다.

노년을 위해 몸을 거두어야 하는 40~50십대. 중국요리와 활어회에 열광했다. 탕수육, 전가복, 광어회, 참치회를 먹는 바람에 지갑은 늘 비상사태였다. 내 몸은 참으로 많은 음식을 받아들였고, 그 다양한 맛에 질려하지도 않았다.

한데 지난해부터 몸에서 음식을 가리기 시작한다. 양식을 먹고 나면 속이 더부룩하고 생선회를 먹으면 장이 브레이크를 건다. 조미료나 향신료가 과하게 첨가된 음식은 기가 막히게 알아차리고 소화 능력을 떨어뜨린다. 아무리 몸에 좋은 보양식도 몸이 받아주지 않으니 마음心이 생기지 않는다.

게다가 자녀들이 빠져나간 식탁에서 먹는 밥은 찰기가 없다. 머리를 들이밀고 바쁘게 숟가락 젓가락이 움직이지 않는 밥상에서 온기 없이 먹는 밥은 밥이 아니고 목구멍에

풀칠하는 행위에 불과하다. 늘 허기가 진다. 며칠 지독한 감기를 앓고 난 후처럼 뱃가죽이 등가죽에 마실가 돌아올 줄을 모른다.

온 가족이 함께하는 밥상엔 풍경이 있다. 가족이라 부르는 사람들이 한상에 둘러앉아 맛있는 음식에 젓가락이 모여들어 실랑이를 벌이는 광경은 그 어떤 명화보다 감동적이다. 피붙이의 걱정과 염려, 기쁨과 슬픔을 함께 섞어 만들어낸 밥이라야 살이 되고 피가 된다. 메마른 논에 물 들어가는 것을 바라보는 농부의 마음처럼 자식의 입 속으로 음식 들어가는 모습을 흡족이 바라보는 눈빛으로 인해 비로소 밥心이 생겨난다. 마음과 마음이 이어지는 그래서 별이 되는 풍경이다. 한상에 둘러앉아 코 박고 먹는 음식 속에는 겨울 산 같은 끈기와 세상을 따뜻하게 바라보는 찰기가 들어 있기 때문일 것이다.

세월이 가니 몸도 따라가는 것일까. 요즘은 어머니가 해주셨던 자연식을 먹어야 편하다. 된장에 조물조물 무친 시래기나물, 풋고추 애호박을 넣어 부친 고추장 장떡, 꼬들꼬들한 오이장아찌. 구수한 멸치고추조림, 시뻘건 닭볶음탕에 잡곡밥 한 공기를 먹고 나야 온몸이 후끈 달아오른다.

처서가 지났는데도 더위에 지친 속이 풀리지 않는다. 세월에 몸을 맞추는 일이 버겁다. 요즘 나의 일상과 정신세계는 원숭이가 나무에서 떨어진 격이다. 정신을 차려야겠다. 집에서 요리를 하기엔 덥고 봉명동 식당에서 닭볶음탕 한 냄비를 사들고 왔다. 억지로 맛을 내지 않은 단순하고 담백한 맛이 허기를 자극한다. 닭다리를 뜯고 벌건 국물에 찬밥 한 공기를 넣어 비벼 먹었다. 뱃속으로 닭기름이 좌르르 퍼지며 온몸이 뜨끈해진다. 귀가 순해진다는 나이에 가까우니 밥이 좋다. 밥은 사랑이고 축제며 치유다. 살포시 등 두드리는 위로며 격려다. 오늘의 소설은 이렇게 시작되었다.

"등짝으로 마실 갔던 뱃가죽이 방금 돌아왔다."로.

유화 한 점

꼭 그 모습이다.

사십 년 전. 그때처럼 집안으로 선뜻 들어서지 못하고 망설이신다. 대문을 밀고 들어서면 어린 시절 당신이 뛰놀던 앞마당이 나오고 오른편엔 외할아버지의 기침소리가 배어있는 사랑채가 있는데, 대문 앞에서 지루하게 서성거릴 뿐이다.

나는 차 안에서 마른침을 삼켰다.

"어서 들어가요, 엄마. 괜찮아요, 어서."

그러나 어머니는 옛날처럼 끝내 안으로 들어서지 못하고 느티나무 아래로 천천히 걸어가셨다. 작고 마른 그림자가 주인을 따라나섰다. 동네 어귀에 서서 지나가는 사람들을 하릴없이 바라보는 무심하고도 나른한 노인의 모습이다.

느티나무는 여전히 그 자리에 서 있다. 땅위로 드러난 뿌리는 각질이 벗겨졌고 몸통엔 군데군데 옹이가 졌다. 한쪽으로 기운 가지엔 벌레 먹은 나뭇잎이 매달려 있다. 세월은 사람만 곰삭이는 것이 아니다. 고통과 기쁨으로 덧칠된 어머니의 유화 같은 삶처럼 나무도 세월에 부대껴 기형이 되었다. 나이가 든 것은 서로 닮는다.

사십줄의 어머니는 강인했었다. 대부분의 어머니들이 그랬던 것처럼 가족을 위해 숨이 가빴다. 하숙생을 들여 가정을 꾸려 가셨다. 농지를 장만하기까지 아버지는 실패를 거듭했다. 늦은 밤 외투 가득 추위를 담아오는 가장을 위해 어머니는 해장국을 끓이며 형형색색 물감을 풀어냈다. 아버지가 진 빚을 갚기 위해 금쪽 같은 암소를 팔아야 했고, 툭하면 처가에 도움을 청하는 남편의 자존심이 상하지 않도록 조심하셨다.

당시 부모님은 고향 공주를 떠나 연기군에 정착하며 심한 어려움에 처했다. 부푼 꿈을 갖고 이주를 했지만 고향에서 정리한 농지 값은 새로운 농지를 구입하는 데 턱없이 부족했다. 부부가 여러 가지 방법을 모색하다 내린 결론은 처가의 도움을 받는 일이었다.

어머니는 집을 나섰다. 한 시간 버스를 타고, 버스에서 내려 산길을 걸었다. 어머니의 걸음은 무거웠다. 온갖 해찰을 다하는 내 걸음보다 느렸다. 걷는 것이 아니라 길이 움직이는 것 같았다. 찔레순과 삘기를 뽑아 내게 주었고, 길에 나뒹구는 돌멩이를 고무신코로 툭툭 차기도 했다. 그러다가 산그늘에 앉아 동생에게 젖을 물렸다.

나는 신이 났다. 찔레순을 먹으며 망아지처럼 흙길을 뛰어다녔다. 엄마가 만들어준 '간땅꼬'를 입고 나선 나들이길, 엄마와 함께 찔레꽃에 파묻힌 어린 딸, 산그늘에 앉아 하늘을 올려다보는 엄마, 그 곁에 보퉁이 하나. 이 모습은 어린 내 가슴에 한 폭의 그림으로 그려졌다.

세월은 나를 여자의 한숨소리를 이해할 나이로 옮겨다 놓았다. 어느 날 뜬금없이 잔금 없는 통장을 보며 그때 어머니가 지었던 한숨소리를 기억해 냈고, 내 생애 가장 아름다웠던 그림이, 실은 삶에 지친 이 땅의 아낙이 그려낸 슬픈 그림이었던 것을 알게 됐다.

왜 삘기를 뽑으며 시간을 끌었는지, 외가에 당도해 안으로 들어서지 못하고 느티나무 아래로 걸어갔었는지, 돌지 않은 빈 젖을 동생에게 물리고 하늘을 바라보았는지…….

딸에게 있어 어머니는 그리움이다. 장독에서 꺼내 주는 홍시의 달콤한 맛이고, 젖비린내고, 햅쌀밥에서 나는 쫀득함이다.

“내 새끼 왔구나 아침부터 까치가 울더니만.” 어머니의 울음 섞인 목소리다. 밤새 마주 앉아 웃는 모습을 보여줘도 어머니는 딸의 내면을 다 읽어낸다. 딸의 입꼬리만 봐도 무슨 말을 하려는지 안다. 다 드러내지 않아도 그 속이 까만지 하얀지 뜨거운지 차가운지 느낀다. 자신이 걸어온 길을 딸이 걸어야 한다는 것을 어미는 알고 있는 까닭이다. 그래서 딸은 어머니의 실핏줄 속에 뿌리 내리고 가슴에서 자라는 애물단지다. 어머니는 그런 어머니 앞에 나설 용기가 나지 않았던 것이다. 자신의 까만 속을, 쩍쩍 갈라진 손등을 차마 보일 수 없었던 것이다. 떳떳한 친정 나들이를 하고 싶었을 것이다. 양 손에 푸짐한 선물이 들려졌더라면 몸보다 마음이 먼저 도착했을 친정. 그러나 궁색한 모습이었다.

내가 외할머니를 부르고, 할머니가 뛰어나올 때까지 느티나무 아래 서성이던 어머니. 외할머니 손에 이끌려 소박맞은 여인처럼 안으로 들어가던 유화 한 점.

그때 어머니께서 필요한 만큼 외가의 도움을 받으셨는지 알 수 없지만 달구지에 쌀가마를 싣는 동안 할머니와 어머니는 한마디 말씀도 나누지 않았다. 두 분 사이에선 산허리에 부는 솔바람 소리가 이는 것 같았다(세월이 알려줌).

달구지가 외가 마당을 지나 산길을 빠져나올 때까지 어머니는 동생에게 젖을 물리고 있었다.

나는 살아오면서 수많은 그림을 보았다. 슬프고 정겹고 아름다운 그림을 찾아 인사동 거리를 헤매고 다녔지만 느티나무 아래서 서성이던 한 여인을 그린 그림보다 깊은 울림을 준 그림을 만나지 못했다. 덜커덩거리는 달구지에 앉아 아이에게 젖을 물리던 등 시린 모습을 보지 못했다.

팔십이 넘은 어머니는 고향엘 다녀오고 싶어 하셨다. 지금은 아무 연고도 없는 그곳을 왜 다녀오고 싶어 하는지 알 수 없었지만 동행을 한 것이다.

사십여 년 전 모녀가 걸었던 그 길을 차로 씽하니 달려와 다시 그 집 앞에 섰지만 사십여 년 전 그림의 장면이 눈앞에서 똑같이 재현된 것이다.

친정으로의 여행은 가부장적인 사회로부터 모계 사회로 돌아가는 세월여행이다. 현실 속에 존재하지 않거나 혹은 잃어 버렸던 옛 기억을 떠올리는 시간. 어머니는 그곳에서 무엇을 찾고 싶어 하셨던 것일까. 삶의 무게보다도 아버지의 자존심을 세워드리기 위해 참았던 세월의 덧없음이었을까. 채마밭 입구에 남아 있는 샘물의 산문 같은 정겨움을 느끼기 위함이었을까. 한데도 끝내 들어서기를 망설이셨던 연유는 무엇이었을까.

한데 그림에서 빠진 것이 있었다. 어머니의 어깨너머로 배경이 되어 있는 야트막한 산 하나.

나는 황금빛 물감으로 산 하나를 그려 넣었다.

그 돌아갈 수 없는

살아가는 일은 이따금 향수를 먹는 것이다. 끝이 보이지 않는 길에 서 있는 향수. 더더욱 현실일 수 없는 향수. 어린 날을 생각하면 벌레 먹은 복숭아가 떠오르고, 복숭아가 떠오르면 아버지가 떠오르고, 그 뒤에 그림자처럼 동식오빠가 따라붙는다. 그 향수를 먹고 나면 지끈거리던 두통이 사라져 몇 달 멀쩡하게 살아간다.

어쩌면 향수는 나를 거짓말쟁이로 만들지 모른다. 과수원엔 행정중심 복합도시가 들어서고 바라보는 것만으로도 눈부셨던 동식오빠는 대령으로 예편한 지 오래전이다. 헛배 불렀던 아이들은 동문 체육대회에 참석해 두둑한 찬조금을 내밀고, 그의 어머니들은 대부분 고인이 되었다. 그래서 향수는 함부로 말하지 말아야 한다. 나무꾼과 선녀가 함께 살았었다는 전설 같은 이야기는 기억 속에 꼭꼭 묻어두어야 하는 것을.

나는 여름 태양이 짙어지면 그 속에 숨겨진 비밀을 꺼내 자일리톨 껌처럼 질겅거린다. 내 어린 날의 여름과, 태양 속에서 벙어리소녀 눈빛처럼 부드럽게 익어가는 복숭아 속살과, 이제 전설이 되어버린 발가벗은 아이들을.

어린 시절 복숭아 따는 날 과수원은 떠들썩했다. 아주머니들은 복숭아를 따고 아이들은 원두막에서 게임을 하거나 식물채집을 하며 여름방학을 보냈다. 수확한 복숭아를 선별하여 나무상자에 담은 리어카가 읍내로 떠나고 나면 아이들 세상이 됐다. 파치 복숭아 앞에 앉은 아이들의 시간은 멈춰 있는 듯했고, 복숭아 한 양동이를 눈 깜짝할 사이 먹어치운 배는 금방 솟아올랐다. 위 확장에 걸려 봉긋해진 배 위로 밀려난 난닝구는 복숭아물이 들어 누랬고, 검고 가는 목덜미에서는 땟물이 흘러내렸다. 하지만 눈매가 매서운 동식 오빠는 우리들과 달리 먹을 것을 탐하지 않았고 차림새도 깔끔했다. 그런 그에게 어른들은 각별했다. 파치 중에서도 좀 나은 것을 그 앞에 밀어주며 동식이는 공부를 잘하니 훌륭한 사람이 될 것이라고 말했다.

어른들은 아이들의 미래에 대해 알고 있는 듯했다. 태양을 받으며 익어가는 여름 과일처럼 아이들 뱃속에서도 예측할 수 없는 희망이 싹트고 있다는 것을. 그 싹을 누런 넝쿨가 가리고 있지만 튼실하게 자라고 있다는 것을.

여름의 아이들은 이따금 복숭아 실은 리어카를 밀며 읍내에 따라가곤 했다. 그곳에는 왕성극장이 있고, 청자목욕탕이 있고, 택시와 버스가 있었다. 반짝거리는 금은방이 있고 먼 나라 사람들이나 입을 것 같은 멋진 양복점이 있는 딴 세상 같은 곳이었다. 특히 철길과 기차를 보는 일은 신바람 나는 일이었다. 우리와 다른 사람을 싣고 달려가는 기차를 보며 먼 미지의 세계를 동경했고, 장터의 소란함과 보석상의 위엄 넘치는 거리에서 돈의 위력과 가난이 공존하는 것을 배우며 커 가고 있었다. 우리들은.

길에서 벗어나야 길이 있다는 것을 알게 되듯 세상을 얼마간 살아보니 아무것도 몰랐던 그 시절이 얼마나 순수하고 아름다웠던지 알 것 같다. 비록 배부르지 않았고 좋은 옷도 입지 못했지만 그때는 사람을 속일 줄도 이용할 줄도 몰랐다.

어른이 되어 기찻길에서 오지 않는 사람을 기다리며 상처를 입기도 하고, 누군가에게 상처를 주기도 하며 우리는 세상 물(?)이 들기 시작했고, 돈만 주면 누구나 탈 수 있는 기차엔 소매치기도 술주정꾼도 범죄자도 탈 수 있다는 사실 앞에 절망도 했다.

요즘 한창 익어 가는 미백도 속살은 벙어리소녀 눈빛처럼 부드럽다. 비로도 같은 겉옷을 훌훌 벗겨 한입 베어 물면 입 안 가득 고이는 부드럽고 담백한 즙을 나는 차마 삼키지 못한다. 손안에 든 너무 소중한, 잘못 잡으면 깨질 것 같은 조심스러운. 그 알 수 없는 예감에 저절로 눈 감기는 그 순간이 나는 좋다. 그것은 어떤 직감 같은 것이다. 어느 시인의 고백처럼 가을 햇살에 끌려 동해로 떠나던 날 한계령 바람에 첫눈의 예감이 묻어 있는 것을 느꼈을 때와 같은. 그 순간을 뱃사내는 갑판에 서서 불어오는 남풍을 맞으며 느낄 것이고, 연어는 남대천 물길을 뛰어올라 모천에 알을 부화하며 경험할 것이다. 낙타는 십 리 밖 물 냄새를 맡으며 조심스런 예감에 승부를 건다고 했다던가.

그 수수께끼 같은 보약과 통일벼를 먹으며 자란 아이들은 전자회사에 취직을 하고, 여공이 되고, 교사가 되고, 회사원이 되었다. 동식 오빠 역시 어른들 기대를 저버리지 않고 명문 대학교에 합격을 했다. 방학이 되어 마을에 나타나면 동네 언니들은 향나무 아래 모여 그의 이야기로 꽃을 피웠다. 그에 대한 관심만큼 키가 작다느니 눈매가 무섭다느니 도도하다느니, 흉을 보며 웃던 언니들의 볼은 잘 익은 복숭아처럼 붉었다. 나도 그 이야기 속에 끼어들고 싶었지만 내 세월은 더디기만 했다.

종일 과수원에서 일을 마치고 돌아오는 리어카엔 파치 복숭아가 가득했고, 그것은 이웃과 정을 나누는 통로 역할을 했다. 나는 동식오빠 집에 파치 복숭아를 가져다주는 일이 죽을 만큼 싫었다. 정작 그는 내가 건네는 파치 복숭아에 대해 또한 나에 대해 아무 관심도 없었지만 그에게 좋은 것을 주고 싶었다.

선별된 복숭아 상자엔 번호가 매겨진다. '특'이라고 쓴 것은 그날 수확한 것 중에서 제일 좋은 상품으로 저급 상품에 비해 곱절의 가격을 받는다. 특상품이 많은 날 매상을 하고 돌아온 아버지는 기분 좋게 취해 계셨다. 그런 날이면 식구들까지 둥둥 떠 있는 것 같았고 나도 덩달아 알 수 없는 웃음이 나왔다.

어느 날, '특'자가 붙은 미백도 일곱 상자가 눈에 띄었다. 아이보리색에 노란빛이 약간 감도는 복숭아는 참으로 먹음직스러웠다. 몇 개 없어진들 아버지가 눈치 채지 못하실 것 같았다. 아버지 몰래 한 상자에서 서너 개의 복숭아를 빼내 뒤꼍 울타리 아래 숨겨두었다. 저녁 나절 파치 복숭아 속에 숨겨 그의 집으로 향했다. 가슴을 쑥 내밀고 우아하게 걸었다.

사단은 이튿날 아침 일어났다. 상인과 값을 흥정하다 복숭아가 부족한 것을 확인한 아버지는 이성을 잃으신 듯했다. 집안 식구들을 차례로 불러가며 복숭아의 행방을 물었지만 아는 이가 없었다. 설마 막내딸 짓이라곤 생각지 않으신 아버지는 내 이름을 부르지 않았지만 나는 떨고 있었다. 고함 때문이었다. 아버지의 역정보다 그가 우리 집을 향해 귀기울이고 있을 것을 생각하니 끔찍스러웠다.

이제 내게는 누군가를 위해 복숭아를 훔쳐낼 만한 열정도 남아 있지 않고, 아버지는 역정을 내지 않아도 되는 곳에 계시다.

꽃샘추위가 아무리 심해도 복사꽃은 폈고, 태풍이 순식간에 잘 익은 과일을 휩쓸어 가도 이듬해 열매는 또다시 붉어지는데 지나간 시간은 영원히 돌아오지 않는다. 이 평범한 진리가 나를 돌아갈 수 없는 시간 속에 서 있게 한다. 신음조차 들리지 않는 향수를 먹게 한다.

벙어리 소녀가 막 사랑을 시작한 세상에서…….

노을도 생리통을 앓는다

햇볕이 좋아 생리대를 빨았다. 몇 년 사용하지 않아 누렇게 변한 생리대에 옥시크린을 넣어 삶자 뽀얀 속살을 드러낸다. 빨랫줄에 널린 소창 생리대는 빨간 벽돌집과 어우러져 한 편의 시가 되어 펄럭인다. 음력 19일쯤 어김없이 몸속에 들였던 생리대 사이사이로 지나간 청춘이 아른거린다. 비릿한 냄새가 얼굴을 붉힌다. 뭔지 모를 묵직함이 심장을 툭 치고 지나간다. 시리도록 그리운 것들이지만 지금은 내게 없는 풍경이다.

그가 사라지자 피부는 푸석하고 눈은 침침하다. 체력 약화와 건망증은 미래에 대한 두려움을 일게 하니 아무렇지도 않은 척 시치미 떼기가 어렵다.

팽창해진 유두가 옷깃에 스치면 아찔한 경련이 일던 은밀함도 사라지고. 생식기에 힘을 줘도 변화가 일지 않는다. 옷 밖으로 드러나는 봉긋함이 부끄러워 옷을 부풀려 입던 소녀는 아직도 눈시울에 걸려 있는데 어느새 엉덩이를 내밀어도 부풀지 않는 가난한 여자는 이제 가슴 시리도록 아름다운 '여자'라는 단어에서 멀어지는 일이 안타깝다.

내가 생리를 시작할 나이가 되자 어머니는 소창 한 필을 준비하셨다. 햇살 좋은 날 적당한 크기로 잘라 시침질한 후 깨끗이 빨아 뒤란 가득 널어놓았다. 겉으로 드러내진 않았지만 뭔지 모를 흥분이 집안 가득 맴돌았다. 아버지는 조치원읍에 나가 돼지고기를 끊어 오셨고, 일곱 살 위 오빠는 막냇동생의 성장이 기특한지 볼일도 없는데 나를 불러대곤 했다. 그리고 며칠 후 책상 위에 『에티켓』 책 한 권이 놓여 있었다. 소녀에서 여자로 살아가야 할 동생에게 오빠가 주는 선물이었다. 그때 나는 삼신할머니의 손길이 엉덩이에 남아 꽃을 보면 꽃이 되고 비가 오면 비가 되어 골목을 헤매는 철부지 생명체였다. 장차 여자로 사는 일이 원초적인 외로움과 고통이 따른다는 것을 알지 못했다.

서너 달 후 첫 생리가 여린 몸을 밀고 밖으로 나왔다. 친구들의 경험을 통해 마음은 먹고 있었지만 겁이 났다.

울상이 된 내게 어머니는 와이셔츠 상자 한 개를 건네주셨다. 그 안엔 뒤란에서 펄럭이던 소창 생리대 이십여 개가 반듯하게 접혀 있었다.

그것을 받아들고 내 방으로 건너오며 왈칵 눈물이 쏟아졌다. 그 눈물이 무엇을 의미했는지 알 수 없지만 첫딸을 출산하며 똑같은 느낌의 눈물을 흘렸었다.

그것을 어떻게 사용하는지 누가 일러주지 않았지만 본능으로 알아차렸다. 사람들 눈에 띄지 않게 은밀히 몸속에 밀어넣어야 하고, 그것에 붉은 물이 차면 새것으로 갈아야 한다는 것을.

그 시절 내가 살았던 기와집 뒤란은 장독대, 개나리, 감나무, 장미꽃 가득한 이브의 정원이었다. 그곳에선 여성들만의 은밀한 일들이 이루어졌다. 생리대의 뒤처리도 그곳에서 했다. 세숫대야 미지근한 물에 생리대를 담가 놓으면 물감을 풀어 놓은 듯 붉은 물이 흘러 나왔다. 말갛던 물이 점점 붉어지면 가슴이 콩닥거렸다. 그 물을 아무렇게나 버리지 않았다. 의식을 치르듯 조심스레 도랑에 버리면 붉은 길을 내며 어디론지 사라지곤 했다. 그럴 땐 흉터가 아물며 올라오는 간지러운 아픔 같은 것이 스멀스멀 기어 올라오곤 했다.

심장에서 터져 나오는 듯한 붉은 빛깔은 소녀가 세상에

내민 성기였고 부끄러움이었다.

내가 연애를 시작했을 때 어머니의 관심은 딸자식에게 있는 것이 아니라 여자에게 있었다. 생리를 하는지 안하는지로 나의 행실을 가늠하셨다. 생리일이 다가오면 나보다 먼저 생리를 기다리셨다. 내 서랍을 열어본 흔적으로 어머니의 기척을 느낄 수 있었다. 그런 관심이 마음에 드는 것은 아니었지만 어딘지 주술적인 힘이 있었다. 달마다 거르지 않고 생리가 찾아오면 깔끔하게 접힌 생리대를 몸안으로 밀어넣으며 승리감에 도취대곤 했다.

흙도 부드러워야 물과 공기가 잘 스며들듯이 그가 내 안에 있을 때 내 마음은 부드러웠고 따뜻했다. 모든 신경세포는 예민했고 감각은 살아 꿈틀거렸다. 열일곱 살, 우주를 진동케 했던 키스는 그가 내게 준 최고의 선물이었음을 이제는 고백한다. 창자가 끊어질 것 같던 그 통증을 경험하지 못했다면 나는 온몸에 털이 숭숭 난 중성인간으로 살고 있지 않았을까.

40여 년 나와 서툰 세상을 터벅터벅 걸어와 준 그가 참으로 고맙다. 그 덕분에 한 가계家系를 이루는 데 큰 힘이 되었다. 두 아이의 탄생을 맞이하며 환희의 송가를 불렀고 그들로 인해 인생의 의미를 깨달았다.

이제 나는 여성에서 인간으로 전환되는 과도기에 있다.

잘 견디면 견디는 만큼 성숙해질 것이다. 마음 조절할 능력을 갖게 될 것이고 세상을 넌지시 바라보는 여유도 생길 것이다. 이것은 숙제다.

숙제는 세월이 어느 정도 해결해 줄 것이다. 한데 햇살 좋은 날 알 수 없는 묵직함이 심장을 건드리면 소창 생리대가 차고 싶어 안달이 난다. 한 필로 평생을 사용했지만 아직도 짱짱하다. 내 마음도 짱짱하다. 아침 이슬을 보면 가슴이 뛰고 누군가 툭 치면 나도 모르게 팔로 가슴부터 가린다. 다른 용품은 시장에서 구입해도 실크 팬티와 향 좋은 세정제를 고집한다. 늙어가는 내가 내게 주는 상이다.

저녁 나절 거실에 앉아 햇볕에 바짝 마른 생리대를 곱게 접었다. 심줄 도드라져 깡마른 손이 하얀 생리대와 묘한 조화를 이룬다. 청춘과 욕망이 함께 말라버린 생리대에서 바람소리가 들린다. 좀 전까지 시리던 몸이 뜨거워진다.

잘 접은 생리대를 서랍 깊숙이 밀어넣고 양병산에 올랐다. 긴 장마를 견뎌낸 까닭인가. 저 너머 동네에서 건들대는 노을이 낭자한 핏빛이다. 세숫대야 가득 담긴 석류 빛 붉은 물이다.

염치없지만

초록 숲 그림 앞에 있다.

아주 간결하고 맛깔스런 문체를 접했을 때의 짜릿한 쾌감이 감성을 건드린다.

인간과 자연이 함께하는, 상생相生의 카테고리 안에서 이루어진 생명체들이 대화하고 있다. 사람과 동물, 나무와 풀과 꽃이 연체동물처럼 휘어진 선이 편안하다. 동물이 사람과 함께 춤추는 비현실적인 이미지는 나의 의식을 환상적인 세계, 잠재된 의식세계로 이끌어 간다.

유년기에 보았던 소나무 숲의 형상을 떠올려 나를 달뜨게 한다. 내가 처음 숲을 본 것은 대여섯 살 무렵이었다.

사촌들은 높이를 알 수 없는 소나무가 빼곡한 곳으로 나를 데리고 갔다. 소나무 가지에 매달아 놓은 그네에 올려놓고 오빠들은 서로 밀어 주겠다며 실랑이를 벌였다. 바람은 간지러웠고 숲 속은 웃음소리로 가득했다. 내가 손을 뻗으면 언제든지 다가와 주었던 소나무와 오빠들.

그 풍경은 지금까지 나를 지배하는 정서가 돼 유사한 이미지만 보면 감정이 흔들리곤 한다.

그림 속 군상들은 오늘도 춤을 춘다. 나도 그들과 어우러져 한바탕 춤을 춘다. 평소에는 흥겨운 음악이 흘러 나와도 머리 위로 올리지 못하는 손을 번쩍 들고 덩실덩실 춤을 춘다. 눈앞에 직면한 근심 걱정도 한참을 치워야 하는 살림살이도 눈에 들어오지 않는다. 허황된 꿈도 다가갈 수 없는 현실도 한편으로 밀어 버린다. 내가 갖고 있지 않은 것들도 너무 멀어서 바라볼 수 없는 것들도 생각 귀퉁이에 처박힌다.

그 순간 나는 어지러운 세상이 아닌 고요한 숲 속에 있는 것이다. 분에 넘치는 호사다.

3년 전 손부남 화백 전시회에 다녀왔었다. 그림은 아주 특별했다. 끈으로 연결지어진 상생 시리즈는 신과 자연에 대해 표현하고 있었다. 식물은 삶의 촉매제 역할을 하고 동물은 삶을 관장하는 생명체 역할을 하고 있었다. 이 요소

들은 작가의 무의식으로부터 시작되었고 모든 생명체는 생명을 창조하는 숭고한 힘을 지니고 있다고 작가는 말했다. 멀리서 보면 하나의 조화로운 풍경 같지만 가까이 다가가면 그 안에 복잡하고 다양한 풍경이 원시적이면서도 강한 에너지를 뿜어내고 있었다. 특히 돌가루를 가미한 입체적인 기법은 나의 마음을 송두리째 빼앗아 버렸다.

유독 여백의 미를 강조한 그림이 나를 멈춰 세웠다. 인간과 자연이 한데 어우러져 금방이라도 뒤로 넘어질 듯 웃어 젖히고 있었다. 모든 피조물은 함께 존재하며 필연적으로 상관관계를 지니고 있음을 내게 말하는 것 같았다. 눈물이 핑 돌았다. 무엇이 저들을 저토록 행복하게 하는 것일까. 부족한 것 없는 세상에 살면서 늘 허기진 내 모습이 측은해 보였다.

며칠 후 그림 앞에 다시 섰다. 그날은 색감이 정신을 몽롱하게 했다. 크림색 바탕에 황금빛을 가미한 브라운은 근원적인 심성을 건드렸다. 작은 나무라면 슬그머니 뽑아오고 싶었다. 아이를 낳지 못하는 여인이 아기를 보면 본능적으로 안고 싶은 감정이 인다는 것을 이해할 것 같았다. 그림 속 여백은 나를 위한 자리 같았다. 세상에 치여 빈 깡통처럼 대충 살아가는 내게도 마음자리 편히 쉴 만한 공간 한 평쯤은 있어야 할 것 같았다.

그림을 거실에 걸어두고 싶었다. 트럭에 작품을 싣고 집으로 오는 꿈도 꾸었다. 그러나 50cm×244cm 대작은 값이 만만치 않았다. 알면서도 그림이 마음에서 떠나지 않았다. 일이 손에 잡히지 않았다. 눈을 감으면 그림 속의 형체들이 나를 향해 손을 내밀었다. 함께 춤을 추며 소통하기를 원했다.

내가 만들 수 있는 만큼의 돈을 마련해 화가에게 직접 찾아가 사정을 해볼까. 할부로 구입을 해도 좋은지 물어볼까. 속절없는 생각으로 시간을 보냈다.

며칠 후 그 그림이 퇴직 교사에게 팔렸다는 소식이 들렸다. 눈시울이 후끈거렸다. 두 발을 동동 굴렀다. 잡기에 능하지 않은 유전자를 타고난 덕에 땅따먹기 놀이에서도 공기놀이에서도 늘 밀려났었다. 덩치 좋은 순자 치마폭에 잔뜩 들어 있는 공깃돌이 부러웠지만 그때도 울지 않았다. 공무원 생활하며 어찌어찌 마련한 목돈을 지인에게 사기당했을 때도 울지 않았다. 그런데 그림이 팔렸다는 소식을 듣자 내 손에 들려져 있는 아주 중요한 무엇을 누군가에게 빼앗긴 것처럼 허전했다. 며칠 무거운 마음으로 보냈다. 애초에 내 것이 아니었는데 슬펐다.

산다는 일은 슬프다. 사랑해서 슬프고 소유하고 싶어 슬프다. 버리지 못해 슬프고 떠나보내지 못해 슬프다. 기뻐도 슬프고 슬퍼서 슬프다. 그래서 나는 그림을 본다. 그로부터 위로를 받는다. 그런 면에서 참 다행인 것은 화가들은 참 솔직하다는 거다. 자기 자신을 감추지 않는다. 감추기는커녕 끊임없이 자신의 속살을 드러낸다. 그 속살을 들여다보고 있으면 좋은 사람에게 마음이 허물어지듯 세상을 향해 곤두세웠던 욕망들이 와르르 무너져 내린다.

어떤 유형의 그림인지는 중요하지 않다. 창작의 고통이 담긴 그림이면 좋다. 작가의 마음 상태에 따라 부드럽고, 따뜻하고, 사랑스럽고, 차갑고, 무겁게 느껴질 때 작가의 솔직한 고백을 들은 것 같아 마음이 뭉클해진다. 오래전부터 알고 있는 사람처럼 마음이 따뜻해진다. 그 따뜻함이 나는 참 좋다.

그렁저렁 몇 달이 흘렀다. 남편이 술자리에서 후배인 손화백에게 아내의 속상한 이야기를 했나 보다. 작업실로 나를 초대했다. 초록 숲 그림 앞에 세워 놓고 어떤지 물었다. 그의 화집 표지화를 장식한 작품(54×244)이다. 초록 숲에 앉아 있으면 좋을 것 같다고 답했다.

이틀 후 초록 숲이 우리 집 거실로 이사를 왔다.

…….

그래서 나는 오늘도 그림과 놀고 있는 것이다. 한없이 염치없지만.

거기 누구 없소

이제 조금 알 것 같다. 냄새만으로도 알아차릴 수 있는 것이 많다는 것을.

더부룩했던 속도 허기를 느끼게 하는 빵 굽는 냄새, 30년 넘게 드나드는 교회 다락방 냄새, 낡은 책에서 뿜어내는 곰팡이 냄새, 손녀에게서 나는 생명의 냄새, 그들의 실체는 볼 수 없지만 불명료한 쾌감과 자극으로 알아차린다. 상쾌하다, 향기롭다, 불쾌하다, 설레게 한다와 같은 느낌으로 말이다.

특히 멋진 남자가 피우는 담배 연기는 향수처럼 마음을 설레게 한다. 깊이 들이마시면 마실수록 알 수 없는 저 깊은 곳의 세포를 건드려 지그시 눈감게 한다. 그 순간 나도 한 번 담배를 피워 보고 싶지만 아직 실행하지 못했다. 여성흡연에 대한 사회적인 편견이 두렵고 내 삶의 굴레를 벗어날 용기가 없기 때문이다.

엄숙하고 금해야 하는 것이 많았던 10대. 나는 반란을 일삼는 문제아였다. 어른들이 말리면 말릴수록 짜릿한 쾌감을 느꼈다.

부모님이 출타한 오후. 무료함을 달래줄 일을 찾던 내 눈에 들어온 담배는 충격적인 존재였다. 망설임 없이 매끄럽게 쭉 뻗은 몸통에 성냥불을 붙였다. 순간 겁이 났지만 이미 빨갛게 타들어가는 담배는 자제력을 무너뜨렸다. 입술은 매끈한 몸뚱이를 힘껏 빨아들였다. 하얀 연기가 몸속으로 쑥 들어갔다. 쏴한 느낌이 들었지만 늘 먹었던 음식물처럼 목을 타고 매끄럽게 넘어갔다. 눈물도 재채기도 나오지 않았다. 담배의 DNA과 나의 DNA는 이미 일치하고 있었던가. 그 이후는 나도 모른다. 마술사에 이끌려 팔다리가 잘리는 예쁜 여인처럼 내 영혼은 흔들리고 있었다. 입에서 연기가 나오고 또 나오고 담배 한 개비가 다 타들어가도록 노련한 애호가처럼 책상에 걸터앉아 담배를 먹었다. 맛이 없었다.

모처럼 얻은 기회를 허망하게 끝낼 수 없었다. 다시 담배에 불을 붙였다.

세상 사는 일이 기대만큼의 감동과 슬픔을 불러오지 않는다는 것을 그때 알았어야 하는데 그것을 모르고 담배를 먹었다. 한 개비 또 한 개비 세 개비를 먹어 방안에 연기가 자욱하도록 부모님은 돌아오지 않았고 나는 담배에 패하지 않았다. 몰래 한 일 치고는 쾌감이 일지 않았다. 시시한 놀이에 투덜거리며 잠근 방문을 열고 대문 빗장을 열며 헤실헤실 웃었다.

나는 담배 피우는 남자를 옹호한다.

아버지는 복숭아밭 밭둑에 앉아 담배를 피우셨다. 이른 봄 전지를 하다 힘겨울 때도, 복사꽃 흐트러져 마음이 부를 때도, 출하를 앞둔 복숭아가 태풍으로 인해 밭이랑에 벌겋게 떨어졌을 때도 담배와 함께하셨다. 담배 한 대 깊게 들이마시고 한숨 한번 길게 내쉬며 다시 힘을 얻곤 하셨다. 담배는 어떤 위로보다 심리적인 고통을 덜어주는 대상이었던 것이다.

애호가들은 담배 한 대가 주는 위안에 대해 말한다. 담배 연기가 몸속을 훑고 지나가면 날카롭던 신경이 누그러지고, 견딜 수 없는 자괴감이나 외로움이 희미하게 사라진다고. 힘든 노동 후 작업복에 쌓인 먼지를 털어내며 피워 문 한 개비의 담배 맛을 아느냐고. 어렵게 따낸 계약서를 가방에 넣고 그 충만함에 피우는 담배 맛을 아느냐고. 불편한 사람과 어색하게 이어가는 대화의 공백을 채워주는 담배 한 개비의 위력을 아느냐고. 축 늘어져 있던 세포들이 일제히 환호성을 울리고, 긴장되었던 근육이 이완되는 느낌을 아느냐고. 나는 한동안 이런 남자들에 열광했었다. 첫사랑 남자는 담배 피우는 옆모습이 멋진 남자였다.

인간의 감각은 많은 것을 기억하고 확장시킨다. 때론 그 기억이 구속과 속박이 되기도 하지만 아름다운 구속이 되기도 한다.

서너 살 무렵 담배깡통을 가지고 놀지 않았다면, 첫아이의 입덧을 담배 냄새가 가라앉혀 주지 않았다면, 지금 금연을 지지하고 있을 것이다. 인간은 늘 정의 편에 서기를 원하니까.

이제 조금 알 것 같다. 세상은 어느 편에 서도 한쪽이 기울어지고, 여자의 발등을 보면 허벅지를 보았다고 능청 떤다는 사실을. 그래서 나도 이젠 능청을 떨며 살아 보기로 했다. 지금까지 내가 그어 놓은 선 밖으로 넘어가는 일이 쉽지 않겠지만 용기를 낼 것이다. 닥치지 않은 미래에 대해 걱정하지 않고, 젊은이들의 싱싱함 앞에 주눅 들지 않을 것이다.

그래서 생명의 질서를 존중하라는 신의 엄명에 대해 고개 끄덕이며 또 다른 꿈을 꾼다. 내 나이 '70이 되면 담배를 피워 보기로.' 지나온 삶을 예찬하고 의연한 정신으로 살기에 담배만큼 좋은 친구가 없을 듯해서다. 담배의 깊은 맛은 몰라도 폼은 멋지게 잡고 싶다. 입술로 담배를 물며 턱을 앞으로 쑥 내밀지, 이빨로 지그시 하얀 몸뚱이를 깨물어 볼지. 그도 아니면 혓바닥에 올려놓고 입술 귀퉁이로 몰아 갈지는 생각중이다. 그 생각만으로도 뒷목이 근지럽다.

재떨이는 이미 준비해 뒀다. 오래전 친정 시골집에서 가져온 사기대접이다. 조선시대에 만들어진 것으로 아랫굽이 조금 깨졌지만 하얀 바탕에 물빛 그림이 멋지다.

그곳에 내 늙음의 흔적들을 담아내고 싶다. 보헤미안이나 집시처럼 담배를 목숨처럼 사랑하지는 못하겠지만 적어도 양치질로 위장하거나 담뱃갑을 숨겨 담배에게 염치없는 일은 하지 않을 것이다. 단지 손가락이 짧고 코가 낮아 담배 문 모습에 입체감이 없을 것 같아 염려되지만. 밭고랑에 걸터앉아 고개를 좌로 젖히고 담배를 피우는 노파처럼, 느티나무 아래 앉아 무료한 여름을 이기기 위해 담배를 문 채 졸고 있는 노인처럼 당당할 것이다.

"거기 나와 친구 할 사람 없소?"

유희는 끝나지 않았다

오래 묵은 개[犬公]는 여우로 둔갑을 한다고 했다. 그러니 없애야 한다고 입을 모았다. 착하고 선한 사람들은 이 부분에 대해선 단호했다. 개뿐 아니라 몽당 빗자루나 고가古家에 대해서도 그랬다. 그것들은 초자연적인 힘이 있어 사람을 해친다고 믿었다. 일종의 공포였다.

초등학교에 다닐 때였다. 사람들은 우리 집 제니도 사람을 해칠지 모르니 잡아치우라고 했다. 부모님은 괜한 소리 말라고 했지만 한번 믿음을 가진 사람들은 그 믿음을 구체화시켰고, 장마가 끝나갈 무렵 제니를 월하교[川] 모래사장으로 끌고 갔다.

이른 아침 대여섯 명의 장정이 우리 집 마당으로 들어섰을 때 제니는 입에서 거품이 일도록 울부짖었다. 겁에 질린 눈으로 가족들을 찾았지만 아무도 나와 보지 않았다. 어머니는 부엌에서 뭔가를 하셨고 아버지는 뒷짐을 진 채 텃밭에 서 계셨다.

어린 나이였지만 나는 제니가 다리 아래로 끌려가면 무슨 일을 당할지 어렴풋이 알고 있었다. 지난여름 끌려간 옆집 덕구도 승찬이네 메리도 영영 돌아오지 않았다.

제니가 다리 아래로 끌려가던 날 삼촌을 따라 월하천에 다녀온 승찬이는 영웅처럼 떠들었다. 새끼줄로 묶은 제니를 다리 난간에 매달아 놓고 몽둥이로 사정없이 내리쳤다고. 울지도 못한 채 눈알이 튀어나오며 다리가 뻣뻣해졌다고. 그때 제니 위로 장작불이 피어올랐다고. 나는 승찬이 이야기를 들으며 두 손으로 귀를 막았다. 제니가 불쌍해 죽을 것만 같았다.

그 무덥고 처참했던 여름. 승찬이 삼촌에게서는 피 냄새가 났다. 그가 곁에 있으면 구역질이 일었다. 농사일을 거들러 오면 뒷방에 숨었고, 골목에서 마주치지 않으려 피해 다녔다. 아무 일도 없었던 것처럼 대할 수가 없었다. 그의 손에 밧줄과 몽둥이가 들려 있는 것 같았다. 영웅과도 같은 사람이었다. 자치기도, 팽이도, 썰매도 그의 손에선 마술처럼 만들어졌었다. 그런 손으로 어떻게 제니를…….

제니가 사라진 후, 툭 하면 눈물이 났다. 아니 눈물이 필요하다 여겨지면 제니를 생각했다. 어른들께 내 요구가 통하지 않을 때, 어떤 일이 내게 불리함으로 다가올 때 사람들에게 잡히지 않으려고 발버둥치다 입과 발이 묶여 가마니를 뒤집어쓴 제니. 그 속에서 신음하며 주인을 불러대던 제니. 사람들이 땀을 흘리며 먹었을 제니를 생각했다. 한참을 그러고 있으면 가슴이 찡해지며 눈물이 나왔다. 처음엔 제니가 불쌍해서 눈물이 나오지만 한참 울다 보면 나만 슬픔을 안고 있는 것처럼 눈물은 눈물을 만들어 냈다.

놀라운 사실은 실컷 울고 나면 눈동자가 풀리고 다리에 힘이 빠지고 심장이 오그라들 것 같지만 어떤 알 수 없는 쾌감이 전신을 뒤덮었다는 것이다.

나는 그런 유희를 즐겼다. 내가 울면 사람들은 이내 관심을 보였다. 무엇을 잘해 어른들께 받는 관심하고는 다른 행복이었다. 그렇다고 관심을 끌려고 울었던 것만은 아니다. 뭔가 색다른 일, 놀라운 일을 원하고 있었다. 눈물을 흘리므로 행복해질 수 있는 것은 역설적인 쾌감이었고, 그 자체만으로도 나는 울 준비가 돼 있었다.

제니와 함께 살던 시절은 우리 가족이 가장 행복한 때였다. 과수원을 장만하신 아버지는 부지런하셨고 열의에 차

있었다. 아버지의 복숭아는 언제나 최상품이었다. 좋은 상품을 경작하느라 부모님은 힘들었지만 어느 때보다도 금슬이 좋으셨다. 부모님의 금슬이 좋으면 그에 딸린 식솔과 짐승은 호강을 누린다. 시대적인 상황으로 보아 개는 목돈 마련을 위한 투자로 사육되었지만 제니는 새끼를 낳지 않았다. 과수원에서 돌아오는 부모님을 향해 엉덩이와 꼬리를 흔들어 반겨주는 일로 본분을 다했다. 아버지는 아무리 힘이 들어도 제니의 인사를 그냥 넘기지 않으셨다. 그럴 때면 온 가족이 제니를 가운데 두고 한바탕 웃음꽃을 피운 뒤에야 하루 일을 정리했다.

제니는 가족이었다. 마을 사람들이 그런 제니를 없애야 한다고 했을 때 아버지는 자식들 핑계를 대셨지만 실은 누구보다도 충직한 제니를 보낼 수 없으셨을 것이다.

세월은 존재했던 풍경을 사라지게 한다. 아버지도 제니도 승찬이 삼촌도.

한데 지난여름 육거리 보신탕집 앞을 지나가는데 검게 그을린 개 한 마리가 갈비뼈를 드러내고 길바닥에 누워 있었다. 사등분으로 나눠진 물체를 어림잡아 붙여보니 제니만 했다.

꼭 감겨진 눈이 울고 있는 것 같았다. 아니 울었을 것이다. 힘이 없는 존재였으니. 죽음조차 자신이 선택하지 못한 채 불 속에서 아우성쳤을 속절없는 삶.

순간 뜨거웠던 여름날의 정경이 떠올랐다. 어머니의 흐느낌이 들렸고 반바지 아래로 드러난 아버지의 하얀 고무신 위로 주먹만 한 눈물이 떨어져 내렸다.

제니는 이미 짐승이 아니고 거대한 슬픔이었던 것이다.

가지 치기

아버지는 지금 연분홍 몸살을 앓고 계시다.

과수원 밭둑에 앉아 있으면 성큼 봄이 오는 것 같다. 종달새가 울고, 새참을 내오는 젊은 아내가 보이고, 그 뒤를 촐랑대며 따라오는 어린 딸의 모습이 보인다. 당장이라도 바지를 걷어붙이고 밭으로 달려가 일하고 싶지만 늙고 병든 몸은 말을 듣지 않는다. 젊을 땐 아프고 싶어도 아프지 않던 육신이었다. 아니 아플 새 없이 일해도 시간은 늘 부족했다. 해도 해도 끝이 없었던 농사일. 그 힘겹던 일이 미치도록 하고 싶은 것이다. 진정 인간의 삶은 한 컷 꿈이란 말인가?

젊은 시절 아버지는 구정이 지나면 복숭아나무에 사다리를 놓고 그 위에 올라가 전지를 했다. 싹둑싹둑. 살얼음이 깨지는 듯한 전지 소리와 함께 붉게 물오른 새순이 발밑에 수북이 쌓였다. 아버지는 벌써부터 탐스런 복숭아가 주렁주렁 달릴 것을 생각하며 함박웃음을 지었다. 사다리 아래서 나뭇가지를 주워들고 따라다니던 나는 죽은 나무는 자르지 않고 살아 있는 여린 가지만 잘라내는 아버지에게 물었다.

"아부지? 저 나무는 죽었는디 왜 자르지 않아?"

나는 꽃눈 보는 눈이 없었기에 묵은 나무가 죽은 줄 알았다.

"응, 그것은 죽은 게 아녀. 겨울 동안 쉬는겨. 이렇게 양분을 빨아먹는 가지를 잘라줘야 묵은 나무가 먹고 잘 자라 빛깔 곱고 맛있는 복숭아를 만드는겨."

나는 아버지가 들려준 이야기를 이해하는 데 50년 세월이 흘렀다. 그 말엔 대지에 뿌리를 내리고 사는 농부의 철학이 오롯이 담겨 있었던 것이다. 아버지는 입버릇처럼 복숭아나무는 자신의 일부라고 말씀하셨다. 가지 치기를 시작으로 두엄 주고, 꽃을 선별하고, 열매를 솎아 내려면 마음부터 아팠다. 모두 다 혹독한 추위를 이겨내고 꽃을 피우고 열매가 되었는데 더 나은 상품을 만들기 위해 일부

따 버리는 일은 자신의 상처를 도려내는 아픔이었다. 열매를 솎는 일은 며칠씩 계속된다. 종일 고개를 뒤로 젖히고 열매를 솎다 보면 고개는 앞으로 젖혀지지 않고, 온몸은 복숭아 깔로 인해 벌겋게 부어올랐다. 밤새 부어오른 피부를 긁느라 잠을 설쳐도 새벽이 되면 밭으로 나가셨다.

솎아 내는 작업이 끝나면 열매에 봉지 씌우고, 오갈병 든 잎 떼어내고, 소독하고, 풀 깎아내고……. 수확기가 되면 4-5킬로그램의 몸무게가 빠졌지만 한 번도 그 일이 힘들다 말씀하지 않으셨다. 농사는 처자식을 건사해 주는 경제의 창고였고, 자신의 삶의 놀이마당이라 여기셨던 것이다.

그때 어린 나는 사람이 늙는다는 사실을 몰랐다. 그저 봄이 오면 복숭아꽃이 피고, 아버지는 당연히 밭에서 일하는 줄 알았다. 그 모습이 아버지의 모습인 줄 알았고 영원할 줄 알았다.

이제 늙고 병든 아버지는 꿈을 꾼다고 하셨다. 꿈속에서 거름 내고 전지를 한다고 하셨다.

오늘도 아버지는 허공에 대고 전지를 하다 잠에서 깨었다. 가늘고 힘 없는 손이 침대 위로 떨어졌다. 복숭아 상자를 번쩍번쩍 들어올렸던 팔이라고는 믿어지지 않는다. 하루에도 몇 번씩 리어카에 복숭아 상자를 가득히 싣고 읍내에 다녀오셨던 모습은 간데없다.

아버지 팔뚝에 꽂힌 링거주사를 빼고 붉게 물오른 복숭아나무 새순을 꽂아드리고 싶다. 그러면 그의 몸에서 연분홍 꽃이 필까.

억지를 쓰는 딸의 마음을 읽기라도 하셨는지,

“괜찮어. 사람은 누구나 다 한 번은 피었다가 지는겨. 배운 자도 못 배운 자도, 가진 자도 못 가진 자도 다 지는 게 인생인겨.” 혼잣말처럼 중얼거리신다.

누구나 한번은 피었다가 지는 삶. 그렇다면 아버지는 일생 무슨 꽃을 피우셨을까.

일 년 내 지은 복숭아가 하룻밤 몰아친 태풍으로 인해 수북이 떨어진 것을 바라보며 피운 한숨의 꽃. 농지 팔아 시작한 운수업이 오일파동으로 남의 손에 넘겨질 때 피운 절망의 꽃. 이도저도 안 되는 세상, 주막으로 노름판으로 끌려다니며 피운 자책의 꽃. 당신을 꼭 닮았다고 유난히 사랑했던 아들을 잃고 피운 통곡의 꽃.

그 힘겨운 꽃을 피울 때마다 그의 정맥에 새로운 힘을 공급해 준 것은 무엇이었을까. 구정이 지나고 나면 어김없이 물오르는 복숭아나무 새순이 아니었을까. 추위도 가시지 않은 벌판에서 전지를 하며 어쩌면 자신의 삶을 전지했을 아버지, 마음먹은 대로 살아지지 않은 인생살이를 잘라내고, 남들과 비교하며 채워지지 않는 욕심을 잘라내고 남양군도에서 젊디젊은 청춘을 사장시킨 억울함도, 그로 인해 평생 짊어졌던 무릎의 통증을 잘라내며 약해지는 마음을 다잡으셨으리라.

얼마 전까지만 해도 아버지는 당신이 변해가고 있음을 인정하지 않고 힘들어 하셨는데 요즘엔 모든 것을 받아들이며 마음에 평화를 얻으셨다. 자녀들에게도 인생은 짧고 부질없는 것이니 욕심 부리지 말고 웃으며 살라는 당부도 하신다.

새순을 잘라내야 많은 열매를 맺고, 열매를 솎아내야 더 실한 과일이 되는 것처럼, 날마다 세상을 덜어내는 아버지의 얼굴빛은 복사꽃처럼 밝고 마음은 아이처럼 순수하시다.

방금 전 잠드신 모습이 참으로 평화로워 보인다. 지금은 꿈속에서 무엇을 잘라내고 계실까. 세상에 대한 그리움, 아내의 애틋한 보살핌, 주막집 아주머니와의 풋사랑을 잘라내시고 계실까. 어디선가 귀에 익은 전지 소리가 들리는 것 같다. 싹둑싹둑. 나는 믿고 싶다.

아버지는 지금 연분홍빛 몸살을 앓고 계신 거라고…….

* 이 글 발표 3개월 후 아버지는 소천하셨다.

2부

삶이 엉키고 삶이 슬퍼도 그 모습을 떠올리며 견딘다. 삶이 기쁘고 감사해도 그 모습을 잊지 않으려 떠올린다. 그 모습은 어떤 백과사전보다 어떤 설교보다 내게 설득력이 있다. 내가 길을 잃지 않도록 인도하는 기도다.

변명

싸움을 걸기로 했다.

싸워서 결론이 나는 일이라면 기꺼이 원인을 제공하리라 마음먹었다. 나는 그보다 조금 더 건강했고, 조금 더 뻔뻔했으므로 살이 터지고 찢어지더라도 싸우고 싶었다.

지금 생각해 보면 싸우는 일이 영화 보고 커피 마시고 밥 먹는 일처럼 마음대로 되는 줄 알았던 철없음에 기가 찰 노릇이지만 그땐 싸우면 해결이 되는 줄 알았다.

드디어 한판 제대로 붙을 기미는 장맛비가 내리는 초저녁부터 보이기 시작했다. 우린 조치원을 벗어나 청주를 향해 걸어가고 있었다. 오송을 지나고 미호 어디쯤이었을까.

초저녁부터 내리던 비는 그치고 우리는 느티나무가 있는 구멍가게 평상에 누웠다. 깜깜한 하늘을 바라보며 나는(우린 살아 있고 오늘 밤 싸움은 시작될 것이다.) 주문을 걸었다. 이렇게 하는 것이 여자로서 자존심 상하는 일이긴 했지만 그를 떠날 수 없는 구실을 만들어야만 했었다.

과년한 딸이 결혼은 하지 않고 연애나 하고 있으니 어머니는 당장 결혼하라고 성화셨다. 그럴수록 그는 위축됐고 장결핵은 나아지지 않았다. 그의 졸업은 점점 미루어졌고 졸업이 늦어지는 만큼 결혼은 불가능해지는 것 같았다. 나는 그가 부모님 앞에서 객기라도 부리기를 바랐다.

"제가 건강해지면 별이라도 따다 주겠습니다. 절 믿고 조금만 기다려 주십시오."

하지만 그는 현실의 우중충한 진실만 이야기했다. 그럴 때마다 나는 재겨 디딜 곳 없는 그에게 짐이 되는 것 같았다. 한데 마음과 달리 사랑은 많은 것을 포기하고 포용하게 하는 마술을 부릴 줄 알았다. 그 마술로 인해 나는 압축된 조각들처럼 모진 사랑을 하는 것이라고 위로했다. 그 위로는 서글픈 내게 현실과 타협하라는 눈짓을 보내고 있었다.

두 팔을 벌리고 누워 있던 그가 새우등을 취하며 돌아누웠다. 등은 젖어 있었다. 병든 몸과 답답한 현실을 벗어나려 몸부림치는 흔적이 묻어 있는 것 같았다. 끈질기게 달라붙어 떨어지지 않는 질병이 그의 등을 더 굽어지게 하는 것 같았다. 내 등이 시려왔다.

한참을 웅크리고 있던 그가 내 쪽으로 돌아누웠다. 머리가 내 가슴께에 닿았다. 슬픔 같은 것이 훅 달려들었다. 나는 가만히 그의 목덜미 속에 손가락을 밀어넣었다. 등은 넓고 따뜻했다. 아늑해졌다. 하늘이 내려앉는 것 같았다. 그는 내 얼굴을 끌어당겼다. 어둠으로 인해 그의 눈빛을 볼 수 없다는 것이 다행이었다. 나는 문득 작은 벌레가 되어 그의 등 속으로 기어 들어가 살고 싶다는 생각이 들었다. 그는 "너를 고생시키는 일이라도 결혼하고 싶어." 이슬도 뒤채지 않을 만큼 숨죽여 중얼거렸다.

그 소리는 그가 내게 들려준 언어 중에서 가장 낮고 무거웠다. 밤보다 깜깜했다. 하지만 어떤 선물보다 감동스러웠다. 설령 행위가 따르지 않는다 해도 그 말속에 담겨진 진실을 알기에 행복하고 외로웠다. 나는 마술에 걸려들고 있었다. 내가 그에게 이식 되어 거부반응이 나타나 고통스러울지라도 나는 순결과 바꿔도 좋다는 생각이 들었다.

나는 그가 걸어온 싸움에 흥분하기 시작했다. 한판승으

로 끝내고 싶지 않았다. 오판삼승제를 해서라도 불안전한 남자에게 인생을 걸었노라고 공표하고 싶었다.

그를 따라 조그만 방으로 들어갔다. 꽃무늬 이브자리, 얼룩덜룩한 벽지, 누런 비닐장판이 우리의 눈보다 더 휑한 눈으로 우리를 맞았다. 미끄러지듯 벽에 기댔다. 스르륵 두 다리가 방바닥에 널브러졌다. 두 시간여 빗속을 걸어온 발가락은 퉁퉁 불어 있었다. 발가락이 꼼지락거렸다. 숨이 막혔던 모양이다. 나처럼.

남자는 방문께 앉아 담배에 불을 붙이고 있었다. 젖은 성냥은 피식거릴 뿐 불꽃을 일으키지 못했다. 담배를 피우려는 행동이 아님을 나는 진작부터 알고 있었다. 그와 함께한 수년 세월은 그의 숨소리, 눈동자의 변화, 손놀림까지 내 의식 속에 기억도록 했다.

그가 담배 피우는 일을 포기하고 다리를 뻗었다. 커다란 발바닥이 내 발가락 끝에 닿았다. 낯설었다. 같은 방향을 향해 걸어온 발이라고 느껴지지 않았다.

그가 내뿜는 숨소리는 조그만 방안에 소나기처럼 쏟아졌다. 구름 속에 숨겨 두었다 한꺼번에 내리쏟아 붓는지 미호천도 범람할 양이었다.

사람들은 소나기가 쏟아지면 혼비백산한다. 마당에 널어놓은 곡식과 빨래를 거둬들여야 하고, 논에 물꼬도 터 줘야 하고, 땔감도 부엌으로 들여야 하기 때문이다.

한데 그는 미동도 하지 않았다. 방안은 소나기로 인해 홍건한데 뛰어갈 자세를 취하지 않았다.

소나기는 잠시 지나가는 비였다. 흙냄새를 남겨 놓고 신경의 올 사이로, 감정의 골 사이로 급하게 지나가 버렸다. 소나기는 겁이 많았다. 자신으로 인해 나뭇잎이 떨어진다는 것을 알고 있었던 까닭이다.

나는 벌떡 일어섰다. 잠시 개었던 비가 다시 내리는지 유리문이 울었다. 유리창 밖에선 사람들 소리가 났지만 방안에서 젊은 남녀가 무엇을 하는지 관심도 없는 것 같았다. 손아귀에 땀이 차올랐다. 머리칼을 질끈 묶고 밖으로 뛰쳐나가려 했지만 몸이 말을 듣지 않았다.

나는 싸움에 진 오만한 수탉의 볏처럼 피를 철철 흘리며 그렇게 서 있었다.

그 후 30년. 돌이켜 보니 모든 것은 순간이었다. 아무런 자취도 없이 젊음은 가고 아늑함마저 기억에 없다. 한때는 그 아늑함이 그리워 문학이다, 음악이다 찾아 헤맸지만 그 어디에도 내가 찾는 아늑함은 없었다. 그러던 어느 날 이 화련의 수필 ≪떠돌이에게 보내는 북소리≫의 한 대목이 내게 따뜻한 물 한잔을 건넸다.

"기럭지가 모자라는 이불을 덮고 누운 것 같았어. 목을 감싸면 발이 나오고, 발을 덮으면 목이 드러나는 그 서늘함이 평생의 그림자라니."

여름은 그렇게 가고 있었다

볼 수 있는 것은 축복이다. 선명하게 본 것은 시이고 예언이며 종교가 될 수 있다는 말에 공감한다. 시각적 이미지는 감정을 건드리는 도화선이기 때문이다.

인터넷 창을 검색하다 강동원이 내게로 달려들어 헉 소리를 내며 뒤로 물러선 적이 있다. 그 슬픈 눈이 나를 쏘아보며 달려들 때 어찌나 가슴이 뛰던지. 감각 전체가 깨어나는 느낌을 받았다면 지나친 과장일까. 그 뒤 그가 나오는 영화에 열광하며 그가 웃으면 나도 웃고 그가 절규하면 따라 절규하고 있는 중이다.

그 느낌과는 조금 달랐지만 베란다에 등장한 방아깨비는

또 다른 신선함이었다. 어떤 경로를 통해 베란다 고춧잎사귀로 날아왔는지 알 수 없지만 내 집에 찾아온 생명이 무척 반가웠다. 내가 곤충을 반가워한다는 사실이 더욱 신기했다. 그만큼 여름은 습하고 지루했던 것이다. 세월호 문제는 날마다 이슈가 되고 있지만 무엇 하나 해결되지 않았고, 아파트 장애인 주차공간에 잠시 주차했다고 팔만 원을 내야 한단다.

녀석은 새끼손가락 한 마디만 했다. 고 작은 몸이 어찌나 폴짝거리는지 녀석의 행방을 찾으려면 오금이 저렸다. 게다가 먹성까지 좋아 하룻밤 사이 서너 장의 고춧잎에 구멍을 내놓았다. 나는 먹성 좋은 녀석이 마음에 들었다. 고추가 달리지 않은 것이 퍽 다행스러웠다.

이삼일에 한 번 쌀뜨물에 영양제를 섞어 고추 화분에 주었다. 녀석은 통통하게 살 오른 고춧잎을 옮겨다니며 포식을 했다. 여름은 그렇게 살을 찌우는 것을.

날마다 녀석에게 말을 걸었다. 날씨가 좋다느니, 모임에 갔는데 뭐가 어쨌다느니, 주절거리면 녀석은 내 말을 알아듣는지 큰 눈으로 나를 바라보았다.

나는 사랑에 빠져 버렸다. 하루라도 녀석을 보지 않으면 일이 손에 잡히지 않았다. 고춧잎에 구멍이 없는 날은 외출도 미루며 상태를 관찰했다. 녀석은 몇 시간씩 미동도

하지 않았다. 그러면 나도 풀이 죽었다.

여름은 그렇게 사랑하기에 좋은 계절이었던 것이다. 꽃과 나뭇잎은 제풀에 겨워 지중해 푸른 물을 끌어들이고 나팔꽃은 염치도 없이 신혼부부 창을 타고 올라 꽃을 피웠다.

손가락 두 마디만큼 자란 녀석은 제법 청년 티를 갖추었다. 긴 대머리에 툭 불거진 눈매는 냉정한 자존심 같고, 매끈한 다리와 쭉 뻗은 날개는 웬만한 화보에도 어울릴 것처럼 멋스러웠다. 촉각은 날마다 발달했고 커다란 눈망울은 또렷해졌다. 턱은 날렵하고 주둥이 끝에 달린 수염은 굵어졌다. 허벅마디에도 근육과 살이 붙어 제대로 방아를 찧을 것 같았지만 나는 다리를 잡지 않았다.

녀석은 허우대만 컸지 덩치 값을 못한다. 메뚜기가 방아깨비를 잡아먹는다는 얘긴 들었어도 방아깨비가 자기 몸보다 작은 메뚜기를 잡아먹었다는 소리는 듣지 못했다.

긴 다리를 가졌으나 멀리 뛰지 못하고 목과 몸이 붙어 옆도 멀리도 보지 못한다. 수탉의 주둥이에 물려 내동댕이쳐지는 모습을 어린 나는 여러 번 보았다. 내 손에서도 수많은 방아깨비가 살육당했었다.

친구들과 둑방에 줄지어 서서 누구 방아깨비가 방아를 많이 찧는지 내기는 늦여름 신나는 놀이였다. 검지와 집게손가락을 이용해 뒷다리를 잡고 있으면 녀석은 묵직한 두 다리를 쭉 펴고 버틸 때까지 버틴다. 그러다 힘이 빠지면 더 이상 버티지 못하고 꺼덕꺼덕 몸을 움직였다. 우리는 그것이 방아를 찧는 것이라고 믿었다. 방아깨비 나름의 힘 고르기였을지도 모르는데, 사람은 언제나 자기 편리한대로 생각한다.

생명체는 어느 존재든 나름의 힘을 가지고 있다. 나는 녀석 때문에 뭐 하나 제대로 돌아가지 않는 개판 같은 세상에서 잠시 비켜설 수 있었다. 이따금 거실로 들어와 날개를 푸드득거리며 이리저리 머리를 쥐어박을 때 거실 바닥을 뒹굴며 웃었고, 침묵이 8할인 남편도 은근슬쩍 우리 사이를 파고들었다. 생명은 웃음이었다.

그렇게 여름이 성숙해지는 줄 알았다. 한데 며칠 전부터 녀석의 비행이 방충망에서 벗어나지 않는다. 방충망 바로 아래는 소나무, 꽃나무 무성한 정원이다. 밤이면 이슬이 내리고 낮이면 따사로운 햇살이 머문다. 한낮엔 성충이 된 수많은 곤충이 짝짓기를 하느냐 소란스런 곳이다. 벌써 눈에 띈 녀석들도 여럿 있다. 수컷을 등에 업고 뾜짝거리는 메뚜기 연인, 꼬리를 동그랗게 말고 비행하는 잠자리를 보며 눈꼴사나워했는데. 방아깨비도 구애 소리를 들었던 걸까. 밤마다 창에 매달려 누군가와 사랑을 약속했던 걸까. 두 번의 허물을 발견했을 때의 당황스러움이 몰려들었다.

허물을 보면서도 녀석의 성장을 인정하지 않았는데, 어른이 된 것이다. 생각해보니 요즘 나를 바라보는 눈초리가 좀 원망스러웠던 것도 같다. 강동원이 어느 날 갑자기 나를 극장으로 불러놓고 훌쩍 군대에 가더니, 녀석도 내 마음을 설레게 해 놓고 제 짝을 찾아 떠나고 싶은 모양이다.

이별 통보라도 받은 것처럼 서운했지만 보내야 할 때가 된 것 같아 방충망을 열다 그만 소리를 지르고 말았다.

밤새 안녕이라더니 방아깨비가 거미줄에 걸려 죽어 있었다. 이미 다리 한 개는 사라진 후였다. 눈도 감지 못한 채. 누군가의 말처럼 술에 취하지 않고서야 어찌 거미줄에 온몸을 던질 수 있단 말인가. 차라리 연인 등에 올라 야반도주라도 했더라면 껄껄 웃고 말았을 텐데……. 녀석은 끝내 덩칫값을 하지 못하고 말았다. 지인들에게 녀석을 자랑하면 잘 키워 구워 먹자는 소리에 까르르 맞장구쳤는데…….

죽음은 슬픔이었다. 슬픔은 슬그머니 거미의 엉큼함을 끌어들였다. 시치미 뚝 떼고 있다 걸려든 방아깨비를 보고 음흉스레 미소 지었을 거미가 미웠다. 거미를 잡아 죽여야 방아깨비가 눈을 감을 것 같았다. 하지만 베란다를 다 뒤집어도 거미는 보이지 않았다. 수색을 포기한 나는 거미의 죄질을 성토하며 방아깨비를 고추 화분에 묻어 주었다.

거실 티브이는 세월호에 관한 이야기를 혼자 떠들고, 남편은 거실과 베란다 문 사이에서 고개만 길게 빼들고 내하는 꼬락서니를 바라보고 서 있을 뿐이었다.

완장

더위가 뒤통수를 달구던 날 고향 읍내 장터에 갔다.

신행정수도 계획으로 황금완장을 팔에 차고 씩씩하게 살고 있을 고향 사람들이 보고 싶어서였다.

장터는 예전 그대로다. 난전에선 아주머니들이 열무, 옥수수, 강낭콩을 팔고, 길목 상점엔 공산품과 건어물이 가득하다. 젊은 사내는 좌판에서 생선을 손질하고 새댁은 비닐봉지에 손질된 생선을 주워담는다. 고약, 무좀약, 지네가루를 파는 노인은 익숙한 솜씨로 약병을 흔들며 손님을 유혹하고, 반짝이 비누를 팔기 위해 양은 냄비를 닦는 아저씨의 목덜미엔 노동의 땀이 흘러내린다.

그럼에도 장터는 한산하다. 엿장수 가위질 소리에 흥을 맞추는 구경꾼도 없고, 잘 익은 수박을 두 통에 오천 원이라고 외쳐도 손님은 모여들지 않는다. 과일전도 소전도 더운 날씨 탓으로 돌리기엔 너무 메말라 있다. 깨진 과일이라도 한입 먹어보라고 푸짐하게 건네던 인심도 엉덩짝 넙죽한 암소를 사기 위해 새벽밥 지어먹고 나왔음직한 농부도 보이지 않는다.

거나하게 취한 남정네가 선술집 여자에게 막무가내로 부리는 수작에 배를 잡고 웃던 구경꾼도 없고, 자신이 살아가는 길을 뻔히 알면서도 앞으로 좋아질 거란 사주쟁이 말에 화색이 돌던 아낙들도 보이지 않는다.

행정 도시 바람으로 인해 땅값이 올랐으면 농민들 주머니가 두둑해져 활기가 넘치련만 장터는 한산하다. 자고 나면 치솟는 땅값으로 벼락부자가 되어 신바람 난 줄 알았는데 농부에게 황금완장은 어울리지 않더란 말인가. 장터의 한가로움이 낯설다.

장날이라야 채소, 잡곡 팔아 푼돈 손에 쥐어 보고, 정성스레 키운 돼지 몇 마리 팔아 자식 학비 마련했던 이들에게 행정 도시로 인한 부가가치는 도대체 무엇이란 말인가.

국밥집에서 만난 농부는 이런 푸념을 늘어놓았다.

그동안 농사만 짓고 살았어도 마음은 편했다. 그런데 요즘은 순수했던 마음이 자신도 몰라보게 변했다. 형제처럼 지내던 박 씨가 땅 판 돈으로 모텔 부지를 물색하러 다니는 모습을 보면 배가 아프고, 땅 마지기나 있는 서 씨가 농사일은 뒷전으로 미루고 읍내 다방에 들락거리는 모습을 보면 울화통이 치민다.

함홍댁은 밭뙈기 조금 있는 거 언제 팔 거냐며 아침저녁으로 전화질을 해대는 아들 때문에 마음이 아프다. 걸쭉한 입담으로 장날이면 공짜 술 얻어 마시는 노 씨도 아들 때문에 얼굴을 들고 다닐 수가 없다. 반건달처럼 살며 아비의 속을 썩이더니 떳다방을 운영하는 사람들에게 마을 사람들의 개인 정보를 알려주는 대가로 몇 푼의 구전을 뜯어먹고 있다.

이들은 누구를 위하여 한 편의 소설을 쓰고 있는 것일까. 마음이 먹먹했다.

농민들은 거미줄에 끈끈이가 있는 줄도 모르고 자꾸만 자꾸만 걸려들고 있었다. 한 마리 미물이 되어 재력가들의 먹이가 되고 있었다. 정작 황금완장은 자신들이 챙기고 농민에게 채워주는 것은 비닐 완장뿐인 것을 순박한 농민들은 모른 채 자신의 팔뚝에도 황금완장이 채워지리라 기대한다. 그간 관습도로로 이용하던 길에 철조망을 쳐 통행을 금하는가 하면, 쌀 몇 말 주며 수십 년 간 빌려 사용한 대지를 차지하려고 소송을 내기도 한다. 생명과 인정을 금보다 귀히 여겼던 사람들이 물질의 노예가 되고 있었다. 평생 땅에 씨앗을 뿌려 거두는 이치를 거스르지 않았던 사람들이 땅을 돈으로 환산하는 사람들 농간에 빠져들고 있는 것이다. 저 가여운 농민의 후예들이.

황금완장이 인간에게 어떤 욕망을 불러일으킬지, 권력인 동시에 족쇄라는 사실을 알지 못한채 황금 숭배자가 돼가고 있었다.

농사밖에 모르는 사람들이 껍데기 완장을 차고 거창한 권력이나 손에 쥔 것으로 착각하고 수박밭에 심었던 소망을, 국밥 한 그릇의 행복을 버릴까 걱정된다. 경운기 타고 일터로 향하던 금슬 좋은 부부에게 이혼의 위기가 닥치지는 않을지.(벌써 이혼한 부부도 있다.)

이런 저런 생각을 하며 장터를 한바퀴 돌아나오자 휘황한 간판들이 눈에 들어온다. 21세기부동산, 천지부동산, 벼락부자부동산, 자매다방, 신천지다방, 사르르다방, 다방다방다방다방. 그곳엔 수많은 불나비들이 떼를 지어 달려들고 있었다.

소설가 윤흥길은 이 시대의 불운을 이미 알고 있었던 걸까. 술집 작부 부월이를 통해 한마디 내뱉는다.

"눈에 보이는 완장은 기중 벨 볼일 없는 하빠리들이나 차는 게여. 진짜 완장은 눈에 뵈지도 않어!"

착각이라구?

남편을 바꾸고 싶을 때가 종종 있다.

그가 손을 대면 고장 난 라디오가 소리를 내고, 형광등이 번쩍 들어오는 재주꾼이었으면 좋겠다. 나와 상관없는 사람에게는 무뚝뚝하고 가족들만 사랑하는 차가운 남자였으면 좋겠다.

물론 사람마다 성격이 다르고 재주가 다른 것은 인정한다. 모두 같은 재주를 가지고 있다면 상권이 무너질 것이니 그것을 원하는 것은 아니다. 나자 체면이 서지 않겠는가.

남편이 AB형이라고 말했을 때 재주가 많을 것이라고 믿었다. 무엇이든 난처한 일은 해결할 줄 알았다. 착각이 아니었다.

결혼식을 마치고 신혼여행 일정은 다음날이었다. 친구들과 뒤풀이를 마치고 숙소로 들어가는데 5-6명의 건장한 사람들이 우리를 에워쌌다. 그들이 요구하는 돈을 주면 위기를 모면할 수 있는 상황이었지만 남편은 그들을 몇 발짝 떨어진 곳으로 데려갔다. 그리고 이내 돌아왔다. 상황으로 보아 돈은 주지 않은 것 같았다. 그때 남편이 어떻게 그들을 돌려보냈는지 알 수 없지만 참으로 믿을 만한 사람이었다.

그랬던 남편은 신혼초부터 집안일을 슬슬 피했다. 전기가 나가고, 텔레비전이 말썽을 부리면 기술자를 부르라고 했다. 처음엔 바빠서 그러려니 했는데 전구를 갈아끼우는 일까지 부탁하니 의심이 가기 시작했다. 의심이 가면 베일을 벗겨보는 것. 드디어 전구가 나가고 퇴근한 남편에게 부탁을 했다. 위생장갑 끼고 두꺼비집 내리고, 의자 가져다 놓고, 선글라스 끼고. 전구를 갈기 위해 남편이 준비한 것들이다. 그 밤 나는 못 볼 것을 보고 말았다. 랜턴 아래서 떨고 있는 손을.

이쁜이면 남편을 바꾸고 싶어 하는 나에게 문제가 있다고 할 것이다.

못질하다 손톱 치고, 세차하며 상처내고, 쌀통 들다 엎지르고, 잔디는 쥐 파먹은 것처럼 잘라놓고, 상추며 쑥갓 싹을 풀이라며 뽑아버린다. 이제 좀 상상이 갈 것이다. 내가 속터지는 이유를. 마음씨 고약한 놀부도 이러지는 않을 것이다.

이 정도는 애교로 봐줄 수 있다. 한데 왜 그리 인정은 많은지 모르겠다.

택시 기사에게 친절하기, 술집 아가씨들 챙겨주기. 선후배 돌아보기. 마음 줄 곳이 한두 곳이 아니다. 이런 친절이 주는 것으로 끝나면 좋으련만 되로 주고 말로 되돌아오는 경우가 종종 있다. 가만히 듣고 있으면 택시 기사는 남편을 무시하는 말투이고, 술집 아가씨들은 오빠, 아빠라고 부르며 수시로 전화를 한다. 물론 좋다. 사내대장부라면 태산을 품어야 하는데, 여인네들쯤이야. 스스로 위로하다가도 복장이 터질 때가 있다.

늦은 밤, 술집으로 불러 낼 때다. 그럴 땐 술이 너무 취했다거나, 돈이 떨어졌을 경우다. 화장을 지운 호박꽃이 분칠한 장미꽃 앞에 나서는 일이 어디 기분 좋은 일인가. 꽃을 사들고 술집에 들어서면 아가씨들은 온갖 감언이설로 나를 무너뜨린다. 아줌마쯤이야 먹다 남은 식은밥으로 여기는지 물 붓고 훌훌 마셔버리려 한다. 그 일도 되풀이되니 견딜 만하다.

그러면 참고 살아야지 어떻게 하느냐 타이르고 싶으시겠지만 이야기를 끝까지 들어봐 주시길 바란다.

정말 속 터진 사건이 일어났다. 가족들과 상의도 없이 명예퇴직을 신청한 것이다. 평소 이사관이 되면 후배를 위해 멋지게 물러나겠노라고 했지만 그냥 하는 소리겠지 생각했었다.

생각보다 마음이 약하고, 늘 큰소리치지만 실은 세상 유혹에 넘어가 실수도 많이 하고, 어려운 일이 생기면 어린애처럼 신에게 매달리는 남자. 일류 앞에서는 꼼짝 못하다가 이류 앞에서 목에 힘주며 교만과 열등감 사이를 오가는 두 개의 얼굴을 들키기도 하는 남자. 길을 잃어도 묻지 않고 싸움이라면 심줄이 끊어져도 달려드는 자존심 강한 남자. 이겼을 때는 계속 이기지 못할 것이 두렵고, 졌을 때는 다시 질 것을 두려워했던 남자. 능력이 없어 처자식 남들 앞에서 비참하게 만들까봐 온갖 수모를 참아왔던 남자. 말로는 민족 운명이 어떻고 대의가 어쩌고 하지만 현실에서는 식사비 조금 아끼려고 벌벌 떠는 남자. 앞서가는 선배보다 치고 올라오는 후배를 더 두려워하던 남자. 그래서 아내 아닌 여자를 사랑해보기도 하고, 술에 취해 가족에게 상처를 준 남자.

성공을 위해 달려 왔지만 정작 고지에 이르렀을 때 밀려

드는 공허감을 감당할 수 없었던 것일까. 도대체 이 남자는 무엇을 위해 인생을 살아온 것일까.

나는 내심 걱정도 되었지만 남편의 결단력과 용기에 박수를 보내고 말았다. 사표는 멋지게 수리되었고, 남편의 35년 공직생활엔 동그랗고 까만 마침표가 찍혔다.

그럼 평생 가족을 위해 헌신한 남편을 위해 아내 된 입장에서 돌봐 주어야지 남편을 바꾸겠다는 그런 막말이 어디 있느냐고 나무라시겠지만. 아직 할 말이 남아 있다.

그동안 고생했으니 여행도 하고. 좋아하는 책도 실컷 읽으면 좋으련만 왜 내 영역을 조금씩 침범하는지 모르겠다. 누가 설거지 해달랬나, 빨래 널어 달랬나, 장바구니 들어 달랬나…….

게다가 못질도 내가 하고 무거운 짐도 내가 들었는데 왜 머리칼은 하얗고, 등은 굽었는지 모르겠다. 왜 아가씨 있는 술집보다 오리집을 더 좋아하는지 모르겠다. 왜 현관에 벗어 놓은 구두를 들여다보고 있으면 신파를 쓰지 않아도 신발 속에 안쓰러움이 들어 있는지 모르겠다. 왜 시린 내 발이 남편 겨드랑이 속에 들어가야만 녹아내리는지 모르겠다.

이런다고 남편을 바꾸고 싶은 마음이 바뀐 것은 아니다.

지난 공직생활 동안 성공 실패 칭찬 비난 신뢰 배신 로

맨스 모험을 겪으며 한 편의 시를 멋지게 쓴 이 남자를 정말 어떻게 해야 할지 모르겠다는데 문제가 있는 것이다.

—한데 착각이라구? 남편도 아내를 바꾸고 싶어한다고?—

세월은 반음씩 내려간다

젖먹이, 젖무덤, 젖몸살, 젖멍울, 젖꼭지, 젖비린내, 젖샘…….

젖으로 시작되는 토박이 말이다. 곱씹어 볼수록 정겨운 낱말이지만 브래지어가 나오기 전까지는 치마 말기 속에 가려진 부끄러운 존재였다.

억눌렸던 것들의 반란일까. 젖가슴이 세상 밖으로 나왔다. 사람들의 눈에 잘 띄는 곳이라면 거기가 어디든 봉우리를 쑥 내밀고 서 있다. 와이어의 형태에 따라 올리고 내리며 자신이 원하는 위치에 놓을 수 있다고 속삭인다. 그도 모자라 뽕을 만들어 풍선처럼 부풀리기도 하고 캡 속에

쏙 집어넣어 작게도 만드니 머잖아 한민족의 동그란 가슴은 간곳없고 요상한 모양의 젖무덤이 등장하지 않을까 웃음이 나온다. 진정 가슴 혁명의 시대인 것이다.

여성은 가슴에 대한 애착이 지나치다 할 정도다. 수유라는 생물학적인 기능을 다한 후에도 최소한의 젖무덤이 남아 여성임을 상징해 주기를 바란다. 나 역시 작아진 가슴을 보면 좀 서글픈 마음이 인다. 연분홍 피부, 터질 것 같은 엉덩이, 뽀얀 젖무덤은 앨범 속에나 존재할 뿐이다. 오죽하면 함께 온천욕을 하던 친정 어머니가

"내 딸도 이제 나이를 먹는구나." 하셨을까.

나이 들어 생기는 현상이니 받아들이자 하면서도 이따금 빈약한 가슴을 보면 마음이 짠하다. 머리를 감으려고 고개를 숙이면 아래로 툭 떨어지는 홍시 같은 모양이라든지, 유방암 검사 시 기계에 물리지 않아 간호사가 애를 먹을 땐 그렇게 낯이 팔릴 수가 없다.

용기가 있다면 실리콘을 주입하든지 처진 가슴을 끌어올리는 수술을 통해 통통하고 뽀얀 젖무덤이 옷선 밖으로 보일 듯 말듯 섹시한 모습을 되찾겠지만 브래지어로 임시 처방을 하고 있을 뿐이다.

젖은 유두에서 나오는 액체를 말하기도 한다. 어머니의 몸안에서 떠밀려 나온 생명은 누가 일러주지 않아도 후각

과 촉각을 동원해 젖꼭지를 찾는다. 어머니의 따뜻한 젖무덤에 얼굴을 묻고 젖을 빨며 세상에 대한 불안감을 잊는다. 둥글고 부드럽고 따뜻한 물체엔 모체의 기억과 그리움이 들어있기 때문이다.

내 나이 스물여섯 살 때 첫아이에게 젖을 먹이는 사진이 있다. 뽀얀 젖무덤이 드러났지만 천박하거나 야하지 않다. 아이는 젖을 먹으며 어미의 얼굴을 바라보고 어미는 사랑스런 눈으로 아이를 내려다보는 모습이 참으로 평화롭다. 그 사진을 들여다볼 때마다 내게도 그런 시절이 있었다는 사실에 감동한다. 그러나 수유를 하기까지 고통에 시달렸다. 첫아이를 낳은 기쁨도 잠시, 이틀 만에 젖몸살이 났다. 아이를 출산하면 젖은 그냥 덤으로 따라 나오는 줄 알았는데 젖도 나올 준비가 필요했던 걸까. 둥글고 말랑거렸던 젖무덤은 돌덩이처럼 딱딱하게 굳었다. 수천 개의 바늘이 피하조직을 찔러댔다. 그 통증은 온몸으로 퍼져 모든 근육을 납덩이처럼 만들었다.

대가 없이 주어지는 것이 아니었다. 귀한 열매를 얻기 위해서는 그만큼의 고통과 노력이 필요했다. 신은 어미가 되는 내게 첫 번째 시험 산고를 주셨고, 두 번째 시험으로 젖몸살을 주신 것이다. 산통을 겪으며 세상에 산통만큼의 고통은 없을 것 같았는데 젖몸살 역시 산통만큼의 고통이었다. 산후조리를 해주던 시할머니는 이틀째 밥 한 톨 넘기지 못하는 산모에게 모질고 독한 원시적인 비방을 내렸다. 건장한 사람이 유두를 빨아 뭉친 근육을 풀어야 한다는.

한참 성이 나 꼿꼿해진 유두는 입 속으로 들어가 아우성을 쳤다. 입술은 수백 개의 바늘이 돼 모든 피하조직을 건드렸다. 머리칼 끝까지 통증이 느껴졌다. 신음은 차라리 사치였고 눈을 뜨는 일은 고역이었다. 피가 철철 흐르는 상처에 불을 붙이는 느낌이 그럴까. 신도 남편도 할머니도 원망스러웠다. 그래도 어미는 그 일을 견뎌 냈다. 대한독립만세였다.

여기서 신의 역할이 끝난다면 나는 억울해서 어미의 역할을 포기했을 것이다. 그러나 신은 아이를 통해 수많은 풍경을 연출했다. 뻐근해진 젖을 손바닥으로 슥슥 문질러 아이 입에 물리면 아이는 작은 입을 열고 젖꼭지를 찾아 물었다. 두 주먹을 불끈 쥐고 힘주어 젖을 빨면 뽀얀 모유가 수돗물처럼 입 속으로 빨려 들어갔다.

누가 그랬던가. 자식 입 속으로 밥 들어가는 것과 내 집 논에 물들어가는 것을 보면 먹지 않아도 배가 부르다고. 그 순간 어미는 세상 부러울 것이 없었다. 봉긋해지도록 배를 채우고 잇몸으로 젖꼭지를 깨물며 잠속으로 빠져드는 풍경을 보며 나는 고통 중에 아이를 낳았다는 기억도 불과 며칠 전 젖몸살을 앓으며 다시는 아이를 낳지 않겠다고 앙다물었던 다짐도 잊을 수 있었다.

아무리 바쁜 일이 있어도 아이가 배고파 울면 모든 일에서 열외되었고, 가슴을 풀어헤치고 잠이 들어도 흉이 되지 않았던 그 시절은 참으로 기특하고 갸륵하고 거룩한 세월이었다. 지금 생각해도 내가 세상에 태어나 가장 잘한 일은 자식을 낳고 모유 수유를 했다는 사실이다. 나는 그렇게 신이 어미를 위해 만들어 놓은 미끼에 보기 좋게 걸려들었던 것이다.

젖은 발음처럼 촉촉하다. 자극적이지 않고 거칠지 않다. 밖으로 튀지 않고 안으로 젖어든다. 들어도 따뜻하고 바라보아도 푸근하다. 그곳에 얼굴을 묻고 젖을 무는 행위가 없다면 젖은 그저 ㅈ으로 시작하는 자음에 불과하리라.

어저께 주문한 브래지어가 도착했다, 쇼 호스트의 말대로 나도 예쁜 가슴을 다시 찾을 수 있을 것 같아 서둘러 주문을 했었다. 두 개의 뽕을 줄 것이니 원하는 대로 크기를 조절하라고 했었다. 나는 봉긋해진 가슴을 기대하며 두 개의 뽕을 끼워 납작해진 가슴에 찼다. 이상한 물질이 가슴에 부딪힌 어색한 느낌이라니. 가슴은 가슴대로 뽕은 뽕대로 따로 놀았다. 거울엔 두 개의 이상한 봉우리가 우뚝 솟아 있다. 슬쩍 건드리면 우르르 무너질 것 같다. 뼈대 없는 곳에 지붕을 올린 격이다. 브래지어를 다시 포장하며 웃었다.

여성이 나이가 든다는 것은 신이 여성에게 주는 세 번째 시험이다. 가끔 저문 날 길 떠나는 나그네의 서글픔 같은 게 밀려오지만 견뎌야 하는 일이니 가난한 가슴 부여안고 시험을 견뎌낼 것이다.

여인의 세월은 반음半音씩 내려간다.

있다 그런 게

눈물이 갓 구운 파이처럼 뜨거울 수 있다는 게. 구슬처럼 동글고 크다는 게. 하염없이 흘러 털스웨터를 흥건히 적실 수도 있다는 게.

1980년 11월 2일 나는 결혼식을 올렸다. 당시 나라 안은 계엄령이 내려 어수선했고, 정보요원이었던 남편은 예식 후 회사로 복귀했다. 한 달간 시댁에서 살기로 했다.

초겨울의 시골은 갈무리해야 할 일이 많았다. 시어머님은 당신보다 몸집이 조금 더 있는 며느리에게 자비를 베풀지 않았다. 시동생 도시락 챙기는 일부터 늦은 밤까지 커피 한잔 마실 여유가 없었다. 메주 쑤고 고추장 담고 때 맞줘 동치미, 총각김치, 배추김치를 담갔다. 어머님은 재료만 준비해 놓고 어디론가 가셨다가 일을 마치고 나면 돌아오셨다. 며느리를 믿으셨는지 시험을 하시는지 알 수 없었지만 처음 해보는 일과 무관심한 시어머님이 무서웠다. 몸과 마음이 추웠다. 같은 추위라도 새댁은 추위를 더 많이 탄다. 지척에 있는 친정 쪽만 바라봐도 눈물이 났다. 이웃에 계시는 시작은 어머님이 아니었으면 나는 모든 걸 내려놓고 말았을 것이다.

햇살 좋은 날 어머님은 마늘을 심어야 하니 통마늘을 쪼개 놓으라고 하셨다. 어떻게 하는지 일러주지도 않고 나가셨다. 바람을 피해 바깥마당 담장 아래서 일을 시작했다. 바짝 마른 마늘은 잘 쪼개지지 않았다. 내 손을 거쳐야 할 마늘은 좀처럼 줄어들지 않고 햇살은 자꾸만 떠나가고 있었다. 고개를 들면 눈물이 쏟아질 것 같아 고개를 아래로 떨어트렸다. 그때 자전거 바퀴가 눈앞에서 급하게 멈췄다. 눈에 익은 삼천리표 자전거. 나는 올려다보지 못했다. 딸이라면 자다가도 일어날 만큼 지원군이셨던 아버지. 여자는 손이 고와야 한다며 빨래도 못하게 하셨던 아버지.

당황스러워하는 내가 거친 숨을 고를 시간도 없이 자전거는 급히 세워졌고 아버지는 내가 끼고 있는 장갑을 거칠게 벗기셨다. 아버지는 쪼그리고 앉아 마늘을 쪼갰다. 바숴버렸다. 나는 아무 말도 못하고 물러앉아 아버지 정수리만 바라보았다. 흰 머리칼이 초겨울 햇살에 반짝거렸다. 아버지와 나의 거리는 삼십 센티미터도 나지 않는데 침묵은 수천 킬로그램이었다.

일을 마친 아버지는 사돈이 오기 전 가야 한다며 일어섰다. 자전거 짐칸에 실려 있는 미역과 소고기를 내게 건네주며 "조금만 참고……, 생일날 미역국 꼭 끓여 먹어." 퉁명스럽게 말씀하셨다. 내 생일이 다가오고 있었다. 대꾸도 못하는 나를 두고 아버지는 자전거를 끌고 돌아섰다. 나는 얼른 자전거 짐칸을 붙잡고 따라 나섰다. 자전거가 멈추면 나도 서고 출발하면 나도 걸었다. 몇 번이고 내 손을 떼어내는 손이 타라는 시늉만 하면 나는 곧바로 짐칸에 올라탈 준비를 하고 있었지만 아버지는 끝내 신호를 보내지 않았다.

동구 밖이 가까워 오자 아버지의 손사래는 빨라졌다. 누가 볼세라 죄인처럼 고개도 들지 못하고 바삐 걸었다. 짐칸을 움켜잡았던 손이 힘없이 풀어졌다. 순간 영영 아버지를 볼 수 없을 것 같아 달려가고 싶었지만 나는 남의 집 며느리였다. 쿵쾅거리는 가슴에 두 손을 대고 사라져 가는 아버지를 바라보았다. 몇 걸음 걸어가던 아버지는 손등으로 얼굴을 훔쳤고 자전거는 심하게 흔들렸다. 심장이 요동을 쳤다. 뜨거운 소나기가 쏟아졌다. 아버지의 자전거는 한참을 흔들렸고 소나기는 멈추지 않았다.

그 뒷모습을 붙잡고 살아간다. 삶이 엉키고 삶이 슬퍼도 그 모습을 떠올리며 나는 견딘다. 삶이 기쁘고 감사해도 그 모습을 잊지 않으려 떠올린다. 그 모습은 어떤 백과사전보다 어떤 설교보다 내게 설득력이 있다. 내가 길을 잃지 않도록 인도하는 가장 중요한 기도다.

이만하면

죽겠다고 아우성이다.

대통령을 잘못 뽑아 경제가 죽었다고 야단이다. 농민이 타야 할 직불금은 권력자의 손에 들어갔고, 물건이 팔리지 않아 월세를 내지 못한 자영업자의 얼굴은 날로 수척해 간다. 각종 세금과 고물가에 서민들의 주머니는 비어가고, 전업주부들은 직함이 없어 부끄럽다. 주식은 종이 조각이 되고, 환율은 날마다 널을 뛰니 어디 눈 붙일 곳이 없다.

이런 마당에 맞아 죽을 소리지만 나는 올해도 수십억을 벌었다. 땅 투기를 한 것도 아니고, 주식거래도 하지 않았다. 물려받은 땅이 재개발되어 횡재를 한 것은 더더욱 아니다. 오히려 경제에 눈이 어두워 아무 일도(?) 벌이지 못하고 바보처럼 살다보니 저절로 재산이 불어났다.

20년이 넘은 주택은 잔병치레가 잦다. 치매 걸린 노인처럼 목을 축 늘어뜨리고 있다가 예고도 없이 질병이 발병해 당황스럽게 한다. 가을이면 빛바랜 페인트 얼룩을 보여주고, 봄이면 북쪽 방에 결로 현상을 일으켜 심기를 건드린다.

지난여름엔 신고도 없이 수도관이 터져 애를 먹었다. 어디서 문제를 일으켰는지 쉽게 발견하지 못해 거실, 서재, 주방이 상처를 입었다. 청진기 같은 기계에 귀를 대고 주방을 탐사하던 설비공사 사람은 주방 수도배관에서 누수되고 있다고 자신감 있게 말했다. 꽝꽝 멀쩡한 타일이 깨져나갔다. 오전 내 깨고 드러난 수도관은 멀쩡했다. 고개를 갸웃거리던 인부는 주방과 연결된 거실을 깼고 다음은 서재를 깨부쉈다. 사정없이. 공사를 하며 생겨난 먼지는 한 됫박의 인절미를 묻혀도 충분할 것 같았다.

이쯤 되면 그의 기술을 의심하지만 말 한마디하지 못한다. 기술 없는 사람이 을이기 때문이다. 공사를 할 때마다 소설가 이상처럼 날자 날자(떠나자, 떠나자) 다짐하지만 지금까지 겨드랑이에 붙은 날개는 날갯짓 한번 하지 않는다. 대지 70여 평의 주택을 팔아 24평 아파트 한 채 살 수 없으니 날 생각은 꿈에도 할 수 없다.

물론 경제적인 이익을 노리고 집을 지은 것은 아니다. 알레르기로 고생하는 두 아이들의 치료를 위해 정성을 다해 지었고, 덕분에 건강히 자라 자신들의 성지로 떠났다. 오래된 집엔 오래된 우리 부부만 살고 있다.

서로 함께 하면 닮는다고 했던가. 나도 주택처럼 여기저기 아픈 곳이 많아 병원을 자주 간다. 병은 내 의지와 상관없이 찾아온다. 내가 관리를 소홀해 찾아올 때도 있지만, 세월이 가져다 주는 것도 있다. 자주 아프다 보니 잔병치레 잦은 집도 나처럼 나이 들어 자주 아픈 것이란 생각이 들며 측은해지기 시작했다. 예전에 그냥 지나쳤던 것들이 새삼스레 소중해졌다.

오래된 주택은 초봄이 되면 명자, 산수유, 제비꽃, 튤립이 저절로 꽃을 피워대며 나를 유혹한다. 가슴 봉긋한 충만한 유혹이다. 명자나무 새순과 제비꽃 묵은 잎을 손질하다 보면 어느새 영산홍, 철쭉도 고개를 내민다.

그와 때맞춰 묵은 잔디 깎아 주고, 장미나무에 버팀목을 묶어줘야 한다. 이때는 잡풀도 사랑스럽다. 사월이 되면 뽑아 버려야 한다는 것을 알면서도 나는 뽑지 않는다. 잡풀의 아름다움은 3월이 전성기이기 때문이다. 누런 잔디를 비집고 올라온 파란 잡초는 노인들 속에 끼여 있는 젊은이처럼 신선하다. 바라만 보아도 알 수 없는 설렘이 인다.

그뿐만 아니다. 오래된 정원엔 상추, 쑥갓, 풋고추가 자란다. 개미, 굼벵이, 거미, 지렁이도 살아간다. 이들이 사는 모습을 통해 나는 자연의 무한성에 감동한다. 씨앗 자체로 있으면 한 알의 씨앗 그대로지만, 땅에 심겨져 자연과 만나면 상상할 수 없을 만큼의 에너지를 확산시켜 유익과 감동을 준다. 내가 그들에게 해주는 일이란 씨앗이 흙과 만나도록 도와주는 작은 일뿐이다.

흙과 하나된 씨앗은 생명체가 되어 스스로 살아가는 법을 터득한다. 상추는 물과 비료를 주면 웃자라 과한 것을 알려주고, 풋고추는 거름과 물이 부족하면 매운맛을 보여준다. 여름 가뭄엔 땅속 깊이 뿌리를 내리고, 비가 내려온몸이 사그라져도 열매를 맺어 씨앗을 남긴다.

푸성귀가 있으니 지인들에게 보리밥에 상추겉절이로 인정을 나누고, 떡하니 주택이라 문패가 있으니 급전이 필요할 때 아쉬운 소리 하지 않고 은행 대출을 받는다.

하나 경제에 눈뜬 사람들, 즉 우리와 같은 시기에 주택을 지은 이웃들은 대부분 초창기에 주택을 처분해 재투자하여 많은 재산을 불렸다고 한다.

그런 소식을 들을 때면 위축이 되는 것도 사실이지만 봄이 되면 나를 정원으로 불러내는 이들 때문에 나는 이곳을 떠나지 못하고 있다. 아직도 내 손길을 원하기 때문이다.

전지를 하고 풀을 뽑는 작은 일이지만 내가 돌볼 수 있는 일이 있어 고맙다.

석류나무는 올해도 어른 주먹보다 큰 스물두 개의 석류를 우리에게 주었다. 값으로 환산하니 22억이다. 가슴 철렁 내려앉을 만큼의 액수다.(어느 시인이 석류 한 개 값이 일억이라고 했다.)

오래된 것은 조금 불편하긴 하지만 편안하다. 흠집이 날까 조심하지 않아 좋고, 손에 익숙해 낯설지 않다. 누구의 제지나 법에 매이지 않고 내가 원하는 대로 할 수 있다는 것은 행복이다. 자유로움이다. 바보처럼 사는 사람에게 주어지는 축복이다. 그래서 나는 잔병치레 잦은 주택을 처분하고 아파트로 날아가야지 노래를 부르면서도 날지 못하고 있다.

그런데 고민이다. 22억을 나눠 쓰자는 사람이 한둘이 아니다. 임신이 잘되지 않아 고민 중인 옆집 며느리, 천식을 앓는 뒷집 할머니, 갱년기를 겪고 있는 동년배.

이만하면 부자 아닌가.

몸치로 산다

코피 터져도 좋을 무대다.

일 년에 한 번 망년회 핑계 삼아 발에 땀이 나도록 춤을 추어도 흉하지 않는 무대다. 춤은 음악에 대한 몸의 반응이다. 가만히 서 있어도 흔들리는 갈대로 만들어 버리는 무대 음악과 현란한 조명은 이미 친구들의 마음을 흔들고 있다. 리듬은 사람을 타고 사람은 리듬을 탄다. 어깨걸이를 하고 하늘과 땅을 향해 삿대질을 하며 엉덩이를 앞뒤좌우로 흔들어 댄다. 섹시하다. 저녁을 먹으며 한두 잔 기울인 술기운 탓도 있겠지만 오늘은 모두 춤꾼이다. 몸의 언어로 가는 해를 보내고 있다. 그동안 쌓인 골치 아픈 문제들이 가슴에 남아 있는 앙금들이 춤을 통해 밖으로 나오는 순간이다. 말로 하지 못했던 수많은 언어들이 춤의 언어가 돼 눈짓과 몸짓으로 교감하고 있다.

세상은 지금 '잠시 멈춤'이다. 노래와 춤이 언어이고 안부이다. 숨이 턱에 차오르도록 몸이 말을 하는 시간이다. 객석도 마찬가지다. 손뼉을 치고 몸을 흔들며 흥을 돋우고 있다.

나는 노래 한 곡 부르고 예전처럼 밖으로 나왔다. 이젠 붙잡지 않는다. 친구들과의 모임을 시작한 지도 벌써 십 년째다. 뒤풀이 때마다 친구들을 뒤로하고 먼저 나왔다. 체면이 서지 않지만 할 수 없다.

운전대를 잡고 집으로 향하며 유전자를 원망한다.

어머니는 야유회에 다녀온 날이면 남들처럼 손이 안 올라간다며 좀 억울한 표정을 지었다. 그땐 그 소리가 무슨 소린지 잘 몰랐다. 그냥 남들처럼 노래하고 춤추면 될 텐데 손이 왜 안 올라간다는 건지. 하필이면 엄마의 그런 점을 내가 닮았다. 아버지는 동네 아주머니들에게 인기가 좋았다. 노래도 춤도 장구도 누구에게 빠지지 않았고 인물도 좋았다. 야유회에서 단연 꽃 속의 벌이었다.

흥이 없이도 사는 데 지장은 없다고 생각했다. 단지 기가 죽을 뿐이지. 한데 착각이었다. 첫아이가 입학하고 난

뒤부터 나의 몸치는 몸살을 앓았다. 88올림픽이 끝난 나라 안은 흥분의 도가니였다. 학부모의 학구열은 세계를 향해 달렸다. 학년마다 자모회가 결성되고 연례행사로 관광을 떠났다. 코스는 남쪽 지방 어딘가로 정하고 네다섯 시간 버스를 탔다. 술과 떡이 준비됐고 한두 시간 술을 마시며 노래를 부르다 보면 누가 먼저랄 것 없이 디스코 음악을 틀었다. 그때부터 버스 안은 춤꾼의 세상이 된다. 버스가 흔들리도록 춤을 추어야 그날 여행은 성공이라 평했다.

나는 그 시간이 힘들었다. 순서대로 돌아오는 노래는 어찌 부르겠는데 춤이 문제였다. 아무리 몸을 빼고 나가지 않으려 해도 부드러운 팔에 붙들려 통로에 세워졌다. 어쩔 수 없이 나무토막처럼 서서 손뼉을 치면 내숭떨지 말라는 소리와 함께 누군가 내 손을 잡고 흔들었다. 그의 리듬에 따라 엉덩이 조금 실룩거리다 자리로 돌아와 앉으면 그 뒤통수가 얼마나 불쌍한지 올라가지 않는 팔이 얼마나 원망스러운지 모른다.

의자에 앉아 흥 오른 그네들을 바라보면 동성이 봐도 귀엽다. 저 정도라면 나도 할 수 있을 것 같은데 몸과 마음은 언제나 따로 놀았다. 돌아오는 길 버스 안은 흥분의 도가니가 된다. 목적지에 다가오면 제지하는 기사의 소리에도 아랑곳하지 않고 오늘의 춤이 마지막인 양 최고조에 오른다. 그네들의 자지러지는 함성을 듣는 일은 부럽다 못해 고통스럽다. 그네들이 얼마나 행복해 보이는지 나도 얼마나 하고 싶은지. 흔들어대는 엉덩이를 내 것과 바꾸고 싶은 마음까지 들었다.

몇 년 전 여행길에서 평생에 딱 한 번 춤을 춰봤다. 탱고를 추는 여인들의 모습은 현기증이 일 만큼 아름다웠다. 저절로 어깨와 발이 리듬을 타게 만들었다. 온몸이 근질거렸다. 객석은 끈적거리는 숨소리로 숨이 막힐 지경이었다. 그때 춤을 추던 여인이 동양의 몸치에게 손을 내밀었다. 그녀의 손이 내 몸에 닿자 마취제가 몸을 타고 들어오는 듯 가물거렸다. 현기증도 일었던 것 같다. 팔과 다리가 제 맘대로 흔들리고 몸이 뒤틀리는 것 같았다. 죽을힘을 다해 몸을 흔들었다. 엄지와 검지를 부딪쳐 소리를 만들고 두 팔을 나비처럼 펴고 두 발을 앞뒤로 오가며 바닥을 내리쳤다. 그 순간 일상에 감금된 자의식과 인습의 굴레를 걷어차고 있었다. 무엇을 털어버리고 싶었는지 고개도 여러 번 앞뒤로 흔들었던 것 같다. 잠재된 몸부림이었던지 아니면 그동안 쌓인 한풀이였는지 모르지만 내 몸은 리듬을 탔다. 그날 나는 음악에 반응하지 못하고 몸치로 사는 일이 얼마나 억울한 일인지 알게 되었다.

나도 춤을 출 수 있었던 것이다. 반세기가 넘도록 움직

여지지 않았던 근육들이 돌아갔던 것이다. 하지만 유감스럽게도 잡아 당겼다 다시 놓은 고무줄처럼 그 후 내 몸이 달라진 것은 없다. 여전히 뻣뻣하고 둔하다. 내가 춤을 춘 기억은 그저 여행길에서 어쩌다 주워든 귀중한 추억 한 근일 뿐이다.

친구들은 지금도 춤을 추고 있을 것이다. 아름다운 몸의 언어를 새벽별이 기울 때까지 써 내려갈 것이다.

운전대를 꽉 잡은 뻣뻣한 손이 플라타너스 터널을 지나고 있다.

3부

그때 연인의 모습 그대로 두었어야 했다. 둑길에 앉아 있던 꿈 많고 정 많은 연인의 모습 그대로 좋았었는데, 그 안과밖에 무엇을 덧칠할 것 없이 아름다운 수채화였는데, 결혼이라는 크레파스로 덧칠을 한 것이다. 결혼을 하면 더 아름다운 그림이 그려질 줄 알았는데, 백록담 정상처럼 바람도 있고 상처도 있다는 것을 몰랐다.

동행

12월 2일.

성판악 초입에 발을 내디디며 한라산이 나를 받아들이고 있다는 것을 직감적으로 깨닫는다. 순간 마음을 짓누르던 두려움이 사라지며 나도 해 낼 수 있을 것 같은 자신감에 산행 전문가들 틈새로 끼어들었다. 그것은 인간이 자신의 힘으로 어쩌지 못할 때 떼쓰듯 신께 떠넘기는 염치없는 말김과도 같은 것이었다.

그때도 그랬었다.

약혼을 한 상황이었지만 나에 대한 확신이 서지 않았다.

뚜렷한 직업도 없이 한 남자에게 의지하며 살아야 하는 일이 부담스러웠고, 경제적으로 넉넉지 못한 그에게 짐이 되는 것 같아 마음을 잡지 못하고 있었다. 그렇게 시간을 보내던 어느 날 그가 말했다.

"당신이 아무런 갈등 없이 나를 믿고 따라와 줬으면 해. 지금은 모든 것이 불투명하지만 다 좋아질 거야. 당신만 곁에 있어 주면."

왈칵 눈물이 쏟아졌다. 어떤 나무람도 원망도 아닌데 그냥 눈물이 났다.

한라산이 나를 받아들였다는 믿음으로 출발했지만 한라산은 역시 한라산이었다. 성판악을 지나 오솔길로 들어서자 부드러운 바람과 가문비나무의 행렬이 나를 맞이했다. 이렇게 아름다운 곳이 한라산이라며 푸른 이끼와 싱싱한 산죽 터널로 미끼를 던졌다. 미끼를 덥석 물고 일행들보다 앞서 걸었다. 그러나 사라오름을 지나며 안개비가 심하게 내려 힘을 잃기 시작했다. 숨이 목까지 차오르고, 땀은 빗물인 듯 흘러내렸다. 종아리는 금방이라도 끊어질 것 같았고, 짙은 안개비로 한 치 앞도 분간하기 어려웠다. 어쩌자고 산행 초보자가 예행연습도 없이 한라산 등반을 시작했단 말인가. 헛웃음만 나왔다.

1980년 그를 믿고 혼인을 했지만 결혼 생활은 생각처럼 달콤하지 않았다. 나라에 계엄령이 선포된 상황이었다. 새신랑은 신혼여행에서 돌아온 즉시 회사로 복귀했고 달콤하리라 여겼던 신혼의 밤은 두려움의 연속이었다. 일주일에 한 번 집에 들어오는 날도 상황은 마찬가지였다. 한밤중에 긴급 전화를 받고 나가면 며칠씩 소식이 없어 애간장을 태웠다. 그가 나라를 위해 무슨 일을 하는지 왜 집에 들어오지 못하는지 알지 못했다. 6개월 정도 비정상적인 생활을 하던 남편은 업무에 관련된 공부를 더 해야 한다고 했다. 당시 월급의 절반은 시댁으로 보내야 했기에 패물을 팔아 등록금을 마련했다. 남편은 최선을 다했다. 직장인으로, 가장으로, 장남으로, 학생으로, 모든 것을 홀로 감당했다. 지방에 근무한다는 이유로 승진에서 밀려날 때도 혼자 괴로워하는 그를 위해 나는 아무런 도움을 주지 못했다. 그가 말했던 것처럼 언젠가는 다 좋아지리란 기대감으로 곁에 있어 주는 일 외에는.

두 시간 삼십 분 산행의 갈증을 진달래 휴게소에서 해결한 뒤 다시 걸었다. 마음은 되돌아 내려가고 싶었지만 한라산이 나를 받아들였으니 목적지까지 책임을 져 주리라 믿었다. 뒤도 옆도 보지 못하고 앞사람이 찍어 놓은 발자국만 되밟으며 걸었다. 그것을 잃어버리면 홀로 버려질 것 같은 두려움에 반대편에서 내려오는 사람이 건네는 인사도 받지 못했다. 정상이 어디에 있는지 얼마만큼 가야 하는지 묻지도 못했다. 몇 개월 전 수술로 인한 허리의 통증이 수시로 밀려왔지만 걸었다. 정상을 향해, 죽을 것 같은 고통을 서너 차례 겪은 후 도착한 정상은 마취 상태 같았다. 어둠을 동반한 안개비와 매서운 바람으로 주목 군락지는 얼어붙었다. 난간을 붙잡고 고꾸라졌다. 심한 구토와 어지럼증으로 세상이 빙글거렸다. 한참을 그렇게 있었다. 사라졌던 햇살이 서서히 모습을 드러내며 누군가 터벅터벅 걸어가며 찍어 놓은 고단한 삶의 발자국과 허물 벗겨진 산등성이가 눈에 들어왔다.

그동안 살아오면서 나는 남편에게 큰소리만 쳤다. 산을 좋아한다고, 신앙을 갖지 않는다고, 술을 마신다고, 왜 장남이 다해야 하느냐고. 빠져 나갈 수 없는 그물을 쳐 놓고 다그쳤다. 다그치면서도 나는 알고 있었다. 남편의 잘못이 아니라는 것을. 충분히 이해하고 지나갈 수 있는 문제들이라는 것을. 하지만 나는 다그쳤다. 그 다그침은 나에 대한 다그침이었다. 나의 무능함에 대한 변명이었다. 그만 의지하고 살아온 것에 대한 미안함이었다. 그런 나를 받아들일

용기가 내게는 없었던 것이다.

그때 연인의 모습 그대로 두었어야 했다. 둑길에 앉아 있던 꿈 많고 정 많은 연인의 모습 그대로 좋았었는데. 그 안과 밖에 무엇을 덧칠할 것 없이 아름다운 수채화였는데, 결혼이라는 크레파스로 덧칠을 한 것이다. 결혼을 하면 더 아름다운 그림이 그려질 줄 알았는데. 백록담 정상처럼 바람도 있고 상처도 있다는 것을 몰랐다.

백록담 대피소에서 점심과 따뜻한 커피를 마시자 꿈에서 깨어나듯 몸이 풀렸다. 관음사 쪽으로 하산을 서둘렀다. 올라온 만큼의 거리를 알아서였을까. 내려가는 일은 그리 고통스럽지 않았다. 누군가 친절하게 나무와 나무 사이에 묶어 놓은 동아줄을 잡고 내려오며 주변을 돌아볼 여유가 생겼다. 산은 매력덩어리였다. 웅장한 바위와 첫사랑 같은 오솔길은 독특한 빛깔로 가슴을 출렁이게 했고, 잎새를 수북이 떨어뜨린 은사시나무, 가문비나무, 가시나무, 서어나무, 신갈나무는 그동안 보아온 어떤 나무보다도 허허로웠다. 비바람이 몰아칠 때마다 묵직한 울음을 토해 냈지만 크게 흔들리지 않았다. 한라산 날씨의 변덕쯤은 이미 알고 있는 모습이었다. 오래 함께 산 부부가 서로에 대해 훤히 알 듯이.

남편은 2년 전부터 서울 본부에서 근무한다. 아내 치마자락을 박차고 밖으로 나가는 젊은 나이가 아니기에 당황했지만 그가 정해 놓은 목표를 위해 받아들였다. 남편이 없어 불편한 일이 많지만 그래도 남편 대신 할 수 있는 일이 있어 기쁘다. 못질도 하고, 전구도 갈아끼우고, 대문 페인트칠도 하고, 명절에 인사치레도 한다. 남편 직장 동료 아내들과 만나는 일에 나타나던 알레르기 반응도 사라져 너스레를 떨기도 한다.

주말이면 내려왔다 일요일에 올라가는 남편의 뒷모습을 바라보며 부부간에 용서하지 못할 일도 참지 못할 일도 없다는 것을 깨달으며 나이 들어감을 실감한다.

누군가와 함께하는 일은 통증이 있어야 단단히 여문다고 했다.

겨울은 익어간다

김장김치의 깊은 맛은 어머니 따뜻한 손길에서 나온다.

아무렇게나 뿌리는 것 같아도 한 포기 한 포기 절이는 소금 양이 정확하고, 대충 넣는 것 같아도 양념 양이 정확하다. 그래서 결혼 생활 30년이 넘었어도 김장하는 날 어머니가 계시지 않으면 마음이 놓이지 않는다.

김장하는 일은 몸이 고된 작업이다. 고된 일에 어머니를 모시는 것이 불효일지 모르지만 김장 때마다 어머니를 모셔와야 했다. 나는 아직도 어머니처럼 깊은 맛을 내지 못하기 때문이다.

들일을 마치고 돌아오신 아버지의 늦은 밥상에는 꼭 자

반고등어가 올라갔다. 아궁이 불씨에 구운 노릇노릇한 고등어는 한 토막이었다. 고등어는 밥상 한가운데가 아닌 아버지 밥그릇에서 가장 가까운 자리에 놓였다. 아버지만 드셔야 한다는 어머니의 무언의 말씀이셨다. 아버지가 고등어접시를 형제들 앞에 밀어놓아도 누구 하나 덥석 집어들지 않았다. 고등어 두어 토막 상에 더 올리지 못할 만큼 궁상스런 살림은 아니었지만 그것이 아버지에 대한 어머니의 사랑법이셨던 것 같다.

아버지가 진지를 다 드시고 나면 자반고등어는 앙상한 가시를 드러냈다. 상을 물리며 자식 보기에 좀 미안하셨던지 "고등어 그 놈 참 얕은맛이 나네." 하셨다. 얕은맛은 맛있게 먹었지만 조금은 민망해지는 맛이다. 차라리 먹지 않았으면 마음이라도 부른 맛인 것이다.

깊은 맛은 배부르게 먹고 나서도 부담스럽지 않고 죄스럽지 않는 맛이다. 손가락으로 집어 다른 이의 입에 넣어주고 그 손으로 내 입에 넣어 먹는 편안한 맛이다. 얕은맛이 간사한 혀가 느끼는 맛이라면 깊은 맛은 마음과 마음이 느끼는 맛이다. 자신의 인생을 온통 가족에게 저당 잡힌 것도 부족해 선이자까지 물어주며 살아온 사람이 만들어낸다. 그 사람의 마음은 속이 꽉 찬 배추처럼 결이 많다. 결 속에 웬만한 일은 넣어두고 겉으로 드러내지 않는다. 아파도 신음하지 않고 기뻐도 겅중거리지 않는다. 서러워도 대거리하지 않고 억울해도 변명하지 않는다. 그것은 누구에게 배운 것이 아니다. 살면서 김치가 짠지가 되고 그릇이 그륵이 되는 과정을 겪으며 터득한 사랑인 것이다.

그 손은 참으로 따뜻하다. 배탈이 나 차가워진 배를 쓰다듬으면 통증이 사라지고, 무더운 여름 손부채질을 하면 손가락 사이로 바람이 들어와 스르르 잠들게 한다. 인생의 거친 문제 간지러운 문제 끈적거리는 문제도 그 손길에 맡기면 모두 생명으로 재탄생된다.

따뜻한 체온을 받은 생명은 받지 않은 생명보다 성장이 빠르다고 한다. 더 활발하고, 사물에 대한 반응이 빠르고, 정서적으로 안정이 된다고 하니 오늘도 나는 그 따뜻한 은혜로 사는 것이다.

86세 어머니의 11월 달력은 바쁘다. ㅇㅇ일 큰아들네를 시작으로 큰딸, 마을회관, 이모네, 교회를 거쳐 우리 집으로 오실 계획이다. 김장을 해야 한다는 걱정이 어머니를 보면 말끔히 사라진다. 다 잘될 것 같고 맛이 있을 것 같고 실수하지 않을 것 같아서다.

어머니와 함께 담근 김치는 넉넉하게 해도 늘 부족하다. 김장독에서 익기도 전에 주고 싶은 사람들 얼굴이 김치 속에서 웃는다.

김장은 이렇게 마음을 부르게 한다. 이상기온으로 배추 값이 올랐지만 값에 비해 배추만큼 푸짐한 것이 없다. 조금 넉넉하게 담가 놓으면 마음이 따뜻하다. 보들레르의 시詩가 아무리 훌륭해도 소월의 시詩 구절만큼 실감 나지 않는 것처럼 아무리 맛있는 음식도 김치 한 조각 먹지 않으면 개운하지 않으니 하는 말이다.

결 삭은 김치만 있으면 겨우내 반찬 걱정은 하지 않아도 된다. 김치전, 김치찜, 김치만두, 김치볶음밥, 김치피자, 김치국수, 김치계란말이, 김치찌개, 김치김밥 등등.

특히 잘 익은 김치를 넣어 조린 돼지등뼈 깊은 맛은 환상적이고 감각적이다. 배추김치 서너 쪽에 돼지등뼈 마늘, 생강, 매실청, 들기름 듬뿍 넣어 압력솥에 찜을 할 때 뿜어져 나오는 냄새는 나를 수십 리 떨어져 나온 곳으로 데려다 준다. 넓은 들판 옹달샘이 있는 고향으로, 부모님과 행복하게 살던 복사꽃 꽃비 내리는 과수원으로…….

코끝으로 들어온 냄새가 적당한 온기로 익혀 다시 밖으로 나갈 때 내 마음은 어떤 기쁨에 녹아내리기도 하고, 이성에 대한 호기심으로 소설책에 눈을 박고 있었던 부끄러운 기억으로 얼굴이 붉어지기도 한다.

지금 글을 쓰며 그 냄새를 생각하는 동안 내 감각은 지뢰처럼 기억을 폭발시키고 있다. 수많은 감성들이 뇌관을 통해 튀어 오르고 있다. 해서 나는 아직 어머니 깊은 손맛을 흉내 내고 싶지 않다. 김장을 마치고 어머니와 목욕탕에 가는 일도 포기하고 싶지 않다. 김장은 내게 아름다운 정서이고 어머니에 대한 믿음이기 때문이다. 올해도 겨울은 김치처럼 익어갈 것이다. 사각사각사각.

달팽이

'얹힐라.'는 내가 좋아하는 단어입니다.

이 단어를 가르쳐준 사람은 외할머니입니다. 외가 토광엔 계절과 상관없이 먹을거리가 풍성했습니다. 나는 그중에서도 찰떡과 홍시를 잘 먹었습니다. 달콤한 맛이 혀를 싸고돌아 먹고 또 먹었습니다. 그런 내게 외할머니는 "얹힐라, 천천히 먹어라." 하셨습니다.

그 단어는 나도 모르게 마음자락에 뿌리를 내려 허기를 채우기 위해 급히 밥을 먹거나, 약속된 시간을 맞추기 위해 서둘러 현관을 나서거나, 생각을 거르지 못하고 급히 말로 쏟아 낼 때, 나를 따라다니며 성가시게(?) 합니다. 때로 그 단어 때문에 할말도 못하고, 하고 싶은 일도 하지 못해 못마땅할 때도 있었지만 지금 생각해 보니 잃은 것보다 얻은 게 더 많습니다.

살아보니 먹는 일에만 체함이 있는 것은 아니기 때문입니다. 인간관계에서도 얹힐 일이 있고, 일에서도 얹힘은 있었습니다. 급한 성격으로 인해 급체를 한 적도 있습니다. 몸의 체함은 약을 쓰고 누군가의 따뜻한 보살핌을 받으면 고칠 수 있습니다. 그러나 마음이 체하면 그것이 풀어질 때까지 많은 시간과 노력이 필요합니다.

봄이 왔습니다. 꽃들의 반란이 시작되었습니다. 앵초, 산수유, 명자꽃, 골담초, 박태기, 목련, 나리, 빛깔도 모양도 각기 다르지만 저마다의 향기를 지니고 있습니다. 자신을 보아 달라 부르지 않는데 나도 모르게 그 앞에 서 있곤 합니다. 빨간 꽃 앞에 서 있으면 열정이 불타오르고 연분홍빛 꽃 앞에 서 있으면 마음이 따뜻해집니다. 그 꽃을 감싸고 있는 초록의 꽃잎을 보면 나도 모르게 마음이 편안해집니다.

해마다 봄이 되면 만나는 꽃들인데 올봄 유난히 반가운 것은 몸이 예전 같지 않은 까닭입니다. 마음 같으면 무엇이든지 할 수 있을 것 같은데 몸이 따라오지를 못합니다. 능률도 오르지 않고 조금만 무리하면 탈이 납니다. 이러니 자연히 남들과 비교하며 자책을 합니다. 남들은 다 잘하는 것 같은데 남들은 다 튼튼한 것 같은데 나는 왜 이럴까. 조바심이 납니다. 누가 말했습니다. 나이를 먹는 것은 맷집을 키우는 일이라구요. 맷집이 길러질 때 마음의 깊이가 깊어지고 넓어져 모든 것을 포용할 수 있는 능력이 갖추어진다는 말일 것입니다. 그런 사람은 성품이 온유해 모든 사람과 화평하고 사랑하며 모든 일에 절제할 줄 압니다. 제 뿌리 내린 환경을 탓하지 않고 고운 꽃을 피우는 봄꽃처럼 말입니다. 제비꽃은 제비꽃 무리에서 앵초는 앵초 무리에서 무리 없이 살아가는 것처럼 말입니다. 언제쯤이면 나의 맷집도 튼튼해질는지요.

이제 천천히 갔으면 좋겠습니다. 생업을 핑계로 하늘 한번 땅 한번 바라보지 못하고 사는 먹먹한 삶에서 벗어나 신이 주신 아름다운 세상을 온전히 누리며 살아갔으면 좋겠습니다. 이봄 꽃향기를 맡을 수 있는 여유를 갖고 잃어버린 자존감을 찾았으면 좋겠습니다. 자연 속으로 들어가 자연을 닮아 자연처럼 살아갈 때 마음의 안식을 누릴 수 있을 것입니다. 그것이 복된 삶인 것입니다.

—개나리가 폈구나. 꽃이 지면 마당을 쓸어야겠지— 걱정하는 삶이 아니라 —개나리가 이렇게 예쁜 꽃이었구나— 온전히 꽃과 하나 되는 순간을 누리며 살아야 할 것입니다.

가만히 눈을 감고 목련꽃에 코를 대면 바람 냄새가 나고 라일락에 코를 대면 하늘 냄새가 나야 합니다. 그래서 눈물이 나야 진정으로 인생의 맛을 안다고 할 수 있을 것입니다.

신이 우리를 위해 피워 놓으신 저 많은 꽃을 외면하는 것은 창조주를 모독하는 것입니다. 신이 주신 생명은 사람이나 꽃이나 같기 때문입니다.

얼마 전 친정 어머니는 척추 한 마디가 부러져 입원을 했었습니다. 얼마나 통증이 심한지 꼭 죽을 것만 같았다고 합니다. 입원하던 날 통장을 제게 주며 돈을 찾아 손자들에게 각각 얼마씩을 나눠주고 남은 돈은 장례비로 쓰라고 부탁을 하셨습니다.

그 모습을 보며 내게 주어진 것도 다 못 쓰고 가는 것이 인생인데 욕심을 부리며 살아가느냐 소중한 것을 놓치고 있음을 알게 되었습니다.

이 봄, 풀밭에 누워 하늘을 올려다보겠습니다. 둥둥 떠다니는 구름을 바라보며 그 편안함에 취해 보겠습니다. 부신 눈을 지그시 감고 지난겨울 잘 지낸 나를 칭찬해 주겠습니다. 집으로 돌아가는 길, 장미 한 송이 사서 나의 품에 안겨주겠습니다. 그동안 내가 나를 사랑하는 일에 서툴렀고 나를 대접하는 일에 인색한 것에 대한 상이라고 여기겠습니다. 처음에는 어색할 것입니다. 그러나 모든 것은 하나부터 시작됩니다. 한 곡의 노래가 순간에 활기를 불어넣어주고, 한 자루의 촛불이 어둠을 몰아냅니다. 한 번의 웃음이 우울함을 날려 보내고, 한 번의 손길이 마음을 보여줄 수 있습니다.

한 개의 별이 바다에서 배를 인도하고, 한 번의 악수가 영혼에 기운을 줍니다. 한 걸음이 여행의 시작이고, 한 단어가 기도의 시작이라고 했습니다.

꽃향기에 취해 볼 시간입니다. 꽃들의 반란은 그리 오래 가지 않을 것입니다.

이제 천천히 가고 싶습니다. 달팽이는 온몸으로 기어가며 흔적을 남긴다고 했습니다.

미납 편지

성탄 이브다. 버릇처럼 묵은 일기장과 편지를 꺼내 읽는다. 누렇게 탈색된 일기장엔 기억에 가물거리는 이야기들이 깨알처럼 들어있다. 임신의 고통과 아이의 성장을 읽고 있노라면 내게도 그런 은총이 주어졌다는 일이 새삼 감사하고, 뭔가 부족한 것 같으면서도 행복했던 새댁 시절이 그리워진다. 지금 생각해 보면 아무것도 몰랐던 철부지가 어떻게 아이를 기르고 남편 뒷바라지를 했는지 대견스럽기 짝이 없다.

남편과 주고받은 편지는 언제 읽어봐도 재밌고 달콤하다. 무뚝뚝한 남편이 —윤재 씨가 좋아하는 빗방울이 떨어지고 있습니다—로 시작하는 편지는 훌쩍 자란 아이들의 놀림감이 되고 있다. 어쩌다 부부싸움을 하고 집안 분위기가 좀 그러면 아들은 이 대목을 외치며 거실을 서성거린다. 곧이어 터지는 가족들의 웃음. 연애편지가 부부싸움을 화해시키는 순간이다. 나는 애인에게 많은 편지를 보냈다. 지금 읽어 보면 몸에 소름 돋게 하는 유치한 편지지만 그때는 온 마음을 담아 편지를 썼다. 하룻밤에도 몇 통씩 편지를 써 우체통에 넣었다. 매일 써도 무슨 이야기가 그리 많은지 퍼내도 마르지 않은 샘물 같았다. 모든 게 아름다운 시절이었다. 작은 동작 하나에도 의미를 부여하고 싶을 만큼 사랑했던 시절이었다. 누군가 나를 사랑하고 있다는 믿음이 내게 자존감을 갖게 했고 나도 누군가를 사랑한다는 단순한 사실 하나만으로도 행복했었다. 일평생 그 시절의 감정 몇 퍼센트만 가지고 살아도 미워할 일 없을 텐데 나는 지금 바짝 마른 강바닥 같은 감성으로 살고 있다.

내가 보낸 편지엔 우표가 붙어 있지 않다. 우리가 교제를 하던 그때는 국가적으로 반공과 보안을 중요하게 다루던 시절이었다. 국민들이 주고받는 편지도 보안 검열을 당하는 일이 종종 있었다. 당시 애인은 국가정보요원이라서 내가 보낸 편지는 본인의 손에 들어가기 전 검열 일순위였고, 이따금 분실되는 편지도 있었다. 내 편지가 검열당하고 없어지는 일이 수치스러웠지만 편지를 보내는 일을 멈추지 않았다. 지금 읽어보면 중요한 일도 꼭 전해야 하는 내용도 아닌데 나는 편지를 보냈다. 그것도 미납편지로…….

정가의 우표를 붙이지 않았거나 아예 붙이지 않은 편지는 수취인에게 우표값을 받아야 하기 때문에 적어도 편지가 분실되는 일은 막을 수 있었다.

내가 보낸 미납편지를 읽어 보며 어쩌면 나는 예나 지금이나 미납편지처럼 누군가에게 불편을 주고 있는 것 같아 죄스럽다. 인간관계에서 상대를 이해하기보다 이해를 당하는 편이고, 무엇을 베푸는 것보다 더 많은 것을 받으며 산다. 사는 일에 오해가 생겨도 용서를 구하기보다는 용서해 오는 손을 잡는 편이다. 가정일도 늘 서툴다. 아직도 어머니, 오빠, 언니의 도움을 받는다. 김장도 여행도 대소사도 형제들이 서둘지 않으면 때를 놓친다.

최근엔 기억력이 흐려져 잦은 실수를 덤처럼 얹고 산다. 지난 가을 존경하는 선생님이 손수 경작한 고구마를 영동에서 자동차에 싣고 출발했으니 집에서 기다리라고 전화를 하셨다. 이따금 저농약 채소를 가져다 주셨던 터였다. 때마침 친정에 다녀가라는 어머니의 전화가 걸려왔다. 곧바로 친정으로 떠났다. 그렇게 일주일쯤 지나서 메일을 확인하던 중 선생님의 글이 눈에 띄었다. 그제야 생각났던 고구마. 등에 식은땀이 났다. 어떻게 전화를 걸어 사죄를 드렸는지 내용은 기억에 없지만 전화기를 잡은 손안에 땀이 가득했었다. 선생님은 다음 날 한 상자의 고구마를 내밀며 나의 죄를 웃음으로 용서해 주셨다.

사람은 늘 같은 향기를 내며 살기란 쉽지 않다. 자신의 의지와 상관없이 흔들리기도 하고 좌절하기도 하지만 좋은 이들의 사랑이 있어 살아갈 힘을 얻는다. 곁에서 지켜주고 기다려주는 마음들이 나의 모자람을 채워줘 오늘도 조금씩 성장해 가는 중이다.

해마다 성탄절이 되면 나는 비명을 지른다. 좀 더 정확하게 처리하지 못한 일, 사랑하는 사람과 좀 더 잘 지내지 못한 일, 챙겨야 할 사람들을 챙기지 못한 일, 그 비명은 해마다 더해 가는데 나는 늘 그랬던 것처럼 시간에 나를 맡길 뿐이다.

약점밖에 자랑할 것 없는 인생이지만 그나마 미납편지가 있어 다행이다. 우표는 붙이지 않았지만 주인에게 기쁜 소식을 전해 주었던 편지, 살아가노라 숨이 턱에 차고 난감한 일에 막힐 때 읽고 나면 한숨 돌리게 하는 편지, 나의 앞모습보다 숨겨진 뒷모습을 슬쩍 건드려 주는 미납편지가 있어 미납인생은 오늘도 힘을 얻는다.

성탄의 밤이 깊어가고 있다.

나는 혼자서 고개를 넘고 있었다

친정 아버지가 돌아가시고 알 수 없는 불안이 찾아왔다. 가슴이 두근거리고 실체 없는 무엇이 짓눌렀다. 세상에 내 편이 없는 것 같고 일도 손에 잡히지 않아 괴로웠다. 나이 들면서 오는 단순한 증상이려니 생각했지만 쉬 사라지지 않았다.

의사는 내적 치유를 권유했다. 인간의 이성-감정-의지-위기상황-정체성 등에 대한 프로그램을 통해 상처받은 자아를 치유하는 프로그램이었다. 깊은 묵상을 통해 숨겨진 자신과 만나는 시간을 가졌다. 잊었다고 아니 잊고 있었던 일들이 신기하리만치 또렷이 떠올랐다.

나는 혼자서 고개를 넘고 있었다. 어둠이 내리기 시작한 신작로는 한산했다. 저만치 리어카를 끌고 가는 사람들이 희미하게 보였지만 뛰어가지 않았다. 언제든 소리치면 들을 수 있는 거리였고 굳이 그들과 함께 갈 이유도 없었다. 그보다 레코드에 관심이 더 가고 있었다. 당시 나는 브라더스 포(Brothers Four) 4인조 그룹에 푹 빠져 있었다. 기타, 만돌린, 업라이트베이스와 조화된 목소리는 듣기만 해도 눈물이 났다. 용돈이 생기면 레코드를 구입하기 위해 조치원읍에 나갔고 그날도 레코드 가게에서 시간을 보내다 막차를 놓치고 집으로 가는 길이었다.

지금이야 번화가가 되었지만 당시 조치원읍에서 우리 마을까지(4킬로미터) 가려면 번암동 과수원 길과 고개를 넘어야 했다. 도적과 깡패가 장꾼과 여성을 노리는 위험한 길이었다. 혼자서 고개를 넘어가는 일이 쉽지 않다는 것을 알면서도 레코드로 인해 다른 염려는 하지 않을 만큼 마음은 들떠 있었다.

걸음은 리어카를 끌고 가는 사람들보다 더뎠다. 점점 그들의 형체가 눈앞에서 멀어졌다. 고개만 넘으면 주막이 보이니 서두르면 될 것 같았다. 한데 걸음이 빨라지지 않았다. 손에 들린 레코드에선 그들의 노래가 흘러나오는 듯 나는 노래를 흥얼거리며 걸었다.

복숭아밭이 보였다. 수확이 끝난 복숭아밭엔 풀이 숲을 이루고 있었다. 낮엔 벌레 먹어 떨어진 복숭아와 어우러져 목가적인 풍경을 연출했는데 어둠이 깔린 과수원은 무서웠다. 나도 모르게 걸음이 빨라졌다. 그때 복숭아밭에서 누군가 걸어 나왔다. 형체는 보였지만 얼굴을 알아볼 수 없었다. 농부가 그 시간까지 밭에 있을 리 없었다. 순간 머리끝이 곤두서며 가슴이 방망이질을 해댔다. 주막을 향해 뛰려는 순간 앞을 가로막으며 내 입을 막았다. 나는 수천 볼트의 전기에 감전되고 있었다. 검은 물체는 할말이 있으니 따라오라며 잡아끌었다. 거미줄에 걸린 한 마리 파리였다. 나는 몸으로 풀을 쓰러트리며 복숭아밭 가장자리에 있는 묘지까지 끌려갔다. 살려 달라고 말했지만 그는 놓아주지 않았다. 무서웠다. 무서웠다. 무서웠다.

그렇지 않아도 나는 겁이 많았다. 잔뜩 겁에 질린 눈으로 세상을 두리번거리다 무슨 소리라도 들리면 이내 목을 쏙 집어넣었다. 아버지 기침소리에도 놀라고 먹잇감도 남에게 빼앗기기 일쑤였다. 그래도 시원하게 대거리 한번 하지 못하는 얼뜨기였다.

쥐도 궁지에 몰리면 고양이를 문다고 했다. 무서움이 극에 달하자 오히려 두려움이 사라지며 상황 파악이 됐다. 나는 이를 악물고 한 손에 들고 있던 레코드 가방을 그에게 휘둘렀다. 그리고 주막을 향해 뛰었다.

까마득히 잊고 있었던 일이 현실처럼 떠오르자 내 심장은 다시 뛰기 시작했고 죽을 것 같은 통증이 가슴으로 몰려들었다. 마음은 다 잊었다고 생각했는데 몸은 그날 밤 공포를 고스란히 기억하고 있었다. 장맛비처럼 눈물이 쏟아졌다.

순간 나는 간 곳이 없고 책상 아래 쭈그리고 있는 작은 소녀가 보였다. 소녀는 떨고 있었다. 신발은 어디론가 사라졌고 작은 어깨 위에 풀물이 든 옷이 걸쳐 있었다. 소녀는 고개도 들지 못하고 울고 있었다. 그때 누군가 소녀의 머리를 쓰다듬었다. 그리고 소녀를 향해 손을 내밀었다.

오십이 한참 넘은 여자는 한없이 울었다. 가슴 저 깊은 데서 뜨거운 것이 뭉클뭉클 목을 타고 넘어왔다.

—누구네 집 갸가 지난밤 큰일 날 뻔했다.—

그 소리를 감추려 강한 척 당당한 척 살아왔지만 수많은 화살이 가슴에 박혀 있었던 것이다.

아파도 아프다 소리 지르지 못한 채 살 속에 박힌 가시와 함께 살았던 것이다. 내 안에 울고 있는 나를 외면한 채 살아왔던 것이다.

나를 신뢰하셨고 막내딸 말이라면 자다가도 일어나실 만큼 사랑해 주셨던 아버지가 돌아가시고 나를 지탱케 했던 산이 무너지는 절망감을 느꼈던 것이다.

그때 아버지는 산보다 더 크게 나를 감싸 주셨다. 상상할 수 없는 일이 당신 딸에게 일어났지만 아버지는 겉으로 내색하지 않으셨다.

아버지는 늘 내 편이셨다. ―네가 최고다. 너는 잘할 수 있다. 너는 특별하다.― 이러한 칭찬은 농사밖에 모르셨던 아버지가 딸에게 해 줄 수 있는 최상의 격려였다는 것을 나는 자식을 키우며 알게 되었다.

살면서 무섭고 어려운 일이 어디 한두 번 있었겠는가. 아이를 출산하면서, 수술대 위에서, 나는 아버지 말을 떠올리면 힘이 생겼다. 신보다 아버지를 더 의지했던 시절이었다.

거기까지가 아버지가 딸을 위해 해 주신 최고의 치료였다. 지금처럼 상담을 통해 마음의 상처를 치료했어야 했는데 치료라는 단어조차 모르던 시절이었다. 그렇게 묻어 두면 되는 것으로 여겼던 것이다.

묵상이 끝나자 내적치유 사역자는 마음속에 무섭게 떠오른 상대를 용서하라고 했다. 그도 피해자일지 모른다고 했다. 좋지 않은 환경과 난폭한 부모에 의해 형성된 그의 자아를 불쌍히 여기라고 했다. 인간을 정죄하는 일은 신의 몫이라고…….

그러나 나는 그를 용서하지 않았다. 어둠 속에 숨어 떨고 있는 어린 나와 더 많은 대화가 필요하기 때문이다. 어쩌면 아버지도 돌아가실 때까지 그를 용서하지 못하셨을 것 같아서다.

나는 지금도 혼자서 고개를 넘고 있는 중이다.

감나무가 있는 텃밭

다섯 개의 까치밥에 상처가 나 있다. 어제까지도 멀쩡했는데 어느새 새들이 와서 쪼아 먹은 모양이다. 까치가 온 것을 보니 가을이 깊어가고 있는가 보다.

가을은 저 혼자 깊어가지 않는다. 들과 산에게 겨울채비를 하라고 일러준다. 나도 덩달아 흑임자와 서리태를 주문한다.

어린 시절 까치밥으로 남겨 놓은 감이 홍시로 변하면 그것이 먹고 싶어 아버지를 조르곤 했었다. 그럴 때마다 까치밥을 많이 남겨두어야 네가 시집가서 복 받고 잘사는 것이라며 꼭 한 개씩만 따주셨다. 내년에는 우리 집 감나무에도 넉넉하게 남겨 놓으리라 마음 먹으며 감나무 잎을 태우기로 했다. 가으내 담장 아래로 모아둔 감나무 잎에 성냥불을 붙였다. 작은 불씨는 이내 잘 마른 잎에 붙어 불꽃을 이룬다. 불씨는 순식간에 원을 그리며 주변으로 번진다. 갈퀴로 가랑잎을 뒤적일 때마다 불꽃은 잎을 태우고 가을을 태운 연기는 담장을 넘어 고샅으로 사라진다. 어린 시절이 사라지고 아버지의 텃밭에서 뒹굴던 오남매가 각자 흩어져 사는 것처럼 연기는 멀리멀리 떠나간다. 아버지의 곁을 떠나면 견딜 수 없을 것 같던 불안함은 사라지고 나의 분신들을 양육하며 버젓이 살아가듯이 가랑잎은 새로운 생명에 대한 꿈을 꾸며 너울거린다.

안개가 내려 앞이 잘 보이지 않는 날이면 아버지는 텃밭에서 감나무 잎을 태우셨다. 작대기를 들고 불꽃 앞에 서 있는 모습은 평소와 다르셨다. 들로 밭으로 급히 다녔던 농부의 모습은 간데없고 깊은 생각에 사로잡히셨다. 그런 모습이 조금 낯설었지만 왠지 선생님과 같은 분위기가 싫지 않아 밭이랑을 뛰어다녔다.

아버지의 모습이 그때는 아무런 의미도 없이 다가왔었다. 가을이 되면 으레 그리해야 하는 일인 줄 알았다. 그러한 일들이 한 해 한 해 인생을 마무리하듯 했던 것을 그 때는 알지 못했다. 아버지는 가랑잎을 태우며 많은 것을 생각하셨을 것이다. 자식 농사는 잘하고 있는지, 가정은 안정돼 가는지, 가장으로서의 책임감을 다시 확인하며 자신과의 다짐을 하고 또 했을 것이다.

아버지의 집에 가고 싶다. 다섯 남매가 뛰어 놀았던 감나무가 있는 텃밭으로. 나의 살던 고향 노래를 근심 없이 부르며 밭이랑을 헤집고 다녔던 그곳에는 부모님의 든든한 울타리가 있었고 언제나 나의 지원군이었던 형제들이 있었다. 그래서 부족해도 부족한 줄 모르고 살았다. 늘 풍선처럼 부풀어 오르는 꿈을 꾸어도 깨지지 않는 성지였다.

아버지는 세상이 말하는 성공을 이루지는 못하셨다. 하지만 가족 사랑은 유별나셨다. 자식들로 인해 가슴속에 크고 작은 상처를 입고도 아프다 하지 않으신다. 자식들 공부 가르치고 혼인시키면 부모 할 일은 마친 것인데 아직도 장성한 자식을 염려하신다. 오동나무는 천년을 늙어도 가락을 지니고, 매화는 일생 추워도 향기를 잃지 않는다더니 인생의 끝자락에 서 있으면서도 당신보다 자식들이 먼저다. 지금쯤 빈 텃밭에서 무엇을 하고 계실까.

아버지의 텃밭에는 희망이 있었고 인정이 있었다. 감을 따는 날은 언제나 왁자지껄했다. 대나무 끝에 달린 자루에 감이 꺾여 담겨질 때마다 고개를 들고 바라보던 아이들은 환호성을 질렀고, 곁에서 웃고 있던 언니들의 얼굴을 붉게 물들였다. 들일을 마치고 돌아오는 옆집 아저씨는 지게를 받쳐 놓고 홍시를 골라 먹으며 얼굴 가득 웃음을 지었고, 수줍음 많은 사랑채 새댁아줌마도 그날만은 물 묻은 손을 앞치마에 닦으며 내다보았다.

감 따는 날을 내가 좋아했던 것은 이웃집에 감을 줄 수 있어서였다. 밤새 아랫목에서 삭혀진 탈삭감을 한 바구니 들고 옆집에 가면 좀처럼 얼굴을 볼 수 없었던 오빠가 반겨주었다. 그 미소와 감 한 바구니를 바꾸는 것이 그리도 행복했던 것이다.

그렇게 따뜻한 곳을 떠나고 싶어 한때 아버지의 마음을 아프게 했었다. 도시에 나가면 새로운 세상이 열릴 것만 같았다. 서둘러 떠나지 않았어도 이렇게 그곳을 떠나 수십 년 넘게 살아가고 있는데 말이다.

아버지의 텃밭을 떠나 살면서 얻은 것보다 잃은 것이 얼마나 많은지 모른다. 들풀 이름도 잊었고 파릇한 봄나물 한번 뜯어 본 적이 언제였는지 기억에도 없다. 뚝뚝 떨어지는 감잎을 보면 나오던 탄성이 가랑잎으로 인해 하수구가 막힐까 염려하는 마음이 되었다.

감나무 잎은 아직도 연기를 뿜어내며 타고 있다. 나는

아버지처럼 잘살고 있는 것일까. 남편에게 지혜로운 아내인가, 자식에게는 존경받을 만한 엄마인가, 좋은 이웃인가, 사회에 유익을 주는가. 이 대답에 자신 있게 대답을 할 수가 없다. 아직도 맷집이 길러지지 않아 이래서 아프고 저래서 아프다. 나는 언제쯤이면 아버지처럼 깊고 넓은 마음이 되어 이래도 웃고 저래도 웃을 수 있을까. 내게는 산 같은 숙제다. 아버지라면 나의 이런 숙제도 거뜬히 풀어 낼 수 있을 텐데…….

지금쯤 가랑잎을 태우고 계실지 모르는 아버지의 텃밭으로 마음이 맨발로 달려간다.

젊은 날의 초상

달이 밝은 날이면 거닐고 싶은 강변이 있다. 나의 탯줄을 묻은 금강엔 곰나루의 전설이 있고 억새가 울고 밀잠자리가 날아다닌다.

강은 지는 해보다 먼저 고요해진다. 보름달이 떠오르면 강은 더 깊은 침묵 속으로 빠져든다. 나는 그곳에서 부르고 싶은 노래가 있다.

아무리 훌륭한 반주에 맞춰 노래를 부르고 뮤직비디오의 마술이 사로잡아도 달이 뜬 강변에서 부르는 노래만큼 낭만적이지 못하다. 특히 밤에 부르는 노래는 낮보다 몇 배의 감동을 불러온다. 살아오면서 제주의 달밤을 보았고 이

국에서의 달밤도 보았지만 곰나루에 비친 달빛만큼 그윽하지 못했다. 그것은 그곳의 달빛이 특별히 아름다워서가 아니라 젊은 날의 초상이 남아 있는 곳이기 때문이리라.

나의 이십대는 금강을 닮아 있었다. 누구에게 허락을 구할 필요 없이 눈에 보이는 삶을 불태우겠다는 치기와, 밍밍한 일상과 성스러움을 잃어버린 시간과 공간을 벗어날 수 있는 강이 있어 행복했다. 그때 나는 금강 변에 뿌려진 은빛 모래였던 것이다.

당시 나에게는 강물처럼 부드러운 친구들이 있었다. 우리는 시간이 허락되는 대로 몰려다녔다. 부여, 공주는 우리들의 아지트였다. 약속을 잡지 않아도 언제든 달려가면 그곳에 친구들이 있었다. 우리는 모이면 기타 반주에 맞춰 노래를 불렀다.

요즘 젊은이들과 달리 마음껏 즐길 수 있는 것은 노래밖에 없었다. 마곡사 광장에서 관광객에게 둘러싸여 불렀고, 부여 낙화암에 올라 삼천궁녀의 한을 달랜다며 불렀다.

김동진의 「저 구름 흘러가는 곳」, 채동선의 「떠나가는 배」, 토셀리의 「세레나데」는 그때 즐겨 불렀던 노래들이다.

지금은 가사마저 가물거리지만 어찌 잊을 수 있겠는가. 금가루를 뿌려 놓은 듯한 강물을 짜내면 황금빛 물감이 흘러내릴 것 같았던 감동을. 공산성 공북루에 앉아 흘러가는 강물에 띄워 보냈던 수많은 고뇌와 우정을…….

어느 해 정월 대보름. 집집마다 오곡밥을 짓느라 굴뚝에서는 청솔 연기가 뿜어 나왔다. 그날은 친구 집에서 오곡밥을 먹고 여느 때처럼 강변으로 나갔다. 정월의 바람은 차가웠지만 우리는 노래를 부르며 강변을 따라 걸었다. 제각기 관심을 둔 친구끼리 자연스레 짝을 이루며 서로의 간격은 점점 멀어졌다.

젊음의 혈기와 이성에 대한 호기심은 밤에 대한 두려움이나 추위쯤은 문제가 되지 않았다. 도심을 한참이나 벗어났고 시내의 불빛은 가물거렸다. 어느새 내 손은 친구의 커다란 잠바 주머니 속에 잡혀 있었고 내 마음은 달빛만큼 달떠 있었다. 지금 생각해보면 밤길을 거닐던 용기와 남자를 두려워하지 않은 겁 없음이 당돌했지만.

우리는 밤이 이슥하도록 강변을 걸었다. 그 밤 나는 달빛이 강물에 호젓이 내려앉는 것을 보았다. 달빛은 꿈을 꾸는 듯 강물 위에서 반짝거렸고 빈 나룻배는 달빛을 싣고 젊은이들의 속마음처럼 긴 여운을 남기며 일렁거렸다.

밤은 보이고 싶지 않은 것까지 보이는 낮보다 깊은 정을 담고 있다. 낮이라면 그냥 지나치고 말 이야기에도 의미를 두게 하고 낮에 부릴 수 없는 용기를 주기도 한다. 우리는 도둑고양이처럼 추운 강가를 서성이며 도란거렸다. 그러다가 친구는 모래밭에 잠바를 깔아놓고 그 위에 누워 하늘을 향해 노래를 불렀다.

"사랑의 노래 들려온다. 기쁜 우리 젊은 날.

사랑의 노래 들려온다. 내 마음 깊은 곳에……."

목소리는 떨렸고 달빛은 노래에 몇 배의 감동을 불러일으켰다.

달밤. 노래. 청춘.

청춘을 한참이나 떠나와서일까. 키가 줄어들어서일까. 달빛은 추억을 부추긴다. 내가 그 시절로 돌아가고 싶어 하면 돌아갈 수 있을 것 같은 희망을 안겨준다. 그래서 달밤은 기억의 회로를 따라 곰나루로 달려가는 것이다.

그 때 불렀던 노래가 곧잘 입 밖으로 튀어 나오는 것이다. 거울 속의 내가 낯설게 느껴질 때 소리 내어 부르면 뭔지 모를 감동이 밀려오며 이내 입가에 미소가 번지는 것이다.

이쯤 살아보니 알겠다. 부귀영화만이 사람을 행복하게 하는 것이 아님을. 비록 현실이 부족할지라도 기억 속에 담겨 있는 것이 따뜻하면 불확실한 현실도 능히 이길 수 있다는 것을…….

젊은 날엔 젊은 피가 돌아 아름다웠고 이제 그 추억으로 가슴 따뜻하다. 복잡한 삶이지만 추억의 노래가 있어 젊은 것 같고 젊은 것 같기에 희망을 붙잡고 살아간다.

음유시인이 불렀던 노래 속에는 자유가 들어 있고 애달픈 가요 속에는 우리네 인생이 담겨있다. 봄날 옷자락에 파란 물이 들도록, 여름밤 온몸을 모기에게 내어주며 부르던 나의 노래 속에는 달빛 쏟아지는 강을 담고 있다.

다시 오지 않을 내 젊은 날의 초상아.

참 다행입니다

12월의 끝 날을 붙잡고 새날이 왔습니다.

간밤 첫눈 내리듯 기척도 없이 어제와 다르지 않은 해를 띄우고 바람을 일으킬 뿐 아무런 흔적을 남기지 않았습니다. 퇴근하는 가장 맞이하듯 거실에서 새날을 맞이합니다.

떠들썩하지 않지만 양손에 많은 선물을 들고 왔습니다. 무던히도 애를 태웠던 수많은 사건을 역사 속으로 밀어 넣고, 지치고 힘든 이들의 고단한 삶에도 쉼표를 찍어 줍니다.

어젯밤 사람들은 새날을 맞이하며 삶의 무게 앞에 지친 어깨를 치켜세우기 위해, 인간관계의 회복을 위해, 가족의 안녕을 위해 기도했습니다. 아직 이루어지지 않은 일이지만 마음속에 대목 같은 설렘이 독감처럼 번지고 있습니다. 긴 장마가 끝나고 나면 어김없이 찾아들었던 두꺼비 배 톡톡 건드리면 온몸 부풀리듯이 새로운 꿈에 부풀었습니다. 사람의 마음이 무르고 부드러워 다행입니다. 아무리 힘들고 고단한 삶이어도 새날이 되면 또 무엇인가를 꿈꾸기 때문입니다.

지난해 수첩을 들여다봅니다. 무화과 나뭇잎만 한 삶의 마당에서 참으로 많은 일들이 일어났습니다. 중요한 날에는 동그라미가 쳐져 있습니다. 헬스장 회원권 발급 받은 날과 읽고 싶은 책 제목엔 초록별을 그려 놓았습니다. 중요도에 따라 별의 수가 늘어났습니다. 수많은 그림 중에서 왜 별을 그려 놓았을까요. 별을 생각하면 뭔지 모를 힘이 나거든요. 내 힘이 아닌 어떤 다른 힘이 나를 도와 줄 것 같은 기대가 나를 달뜨게 한답니다. 어찌됐든 달마다 모임, 행사가 없는 날이 없습니다. 직장을 나가지 않는다는 명분으로 불려다닌 곳도 있습니다. 가기 싫은 곳도 있었지만 공동체에서 밀려나는 일이 두려워 무리를 한 날도 있습니다.

이제와 보니 바람에 떠밀려 다니다 귀퉁이에 처박힌 피티병 같은 모습입니다. 물을 담아 둘 수도 공병으로 팔아

버릴 수도 없는 처지가 되었습니다.

마음에 진정한 보물 없이 살아왔기 때문입니다. 죽도록 사랑할 대상도 이루고 싶은 꿈도 도전할 용기도 없었습니다. 내가 원하지 않아도 세상은 편리하고 흥미롭게 돌아갔습니다. 작은 노력과 작은 돈을 들이고도 내가 원하면 무엇이든 할 수 있는 일이 많았습니다. 식은 커피 홀짝거리듯 피나는 노력 없이도 어느 만큼의 성과로 삶을 즐길 수 있었습니다.

그런 삶은 몸만 바쁘지 튼실한 목재가 되지 못한다는 이치를 몰랐습니다. 여름의 뙤약볕이나 정월 대보름 달빛 속에 감성을 자극하는 권태가 있다는 것을 몰랐습니다. 사막의 햇살이 툇마루에 드리우던 그늘보다 나를 슬프게 한다는 사실을 이즈음 알게 되었습니다.

울컥 신물이 올라옵니다. 분명 나의 삶인데 증명사진처럼 어색합니다.

그중 눈에 띄는 것이 있습니다. 남편과 함께 그리스 산토리니를 여행하는 계획이었습니다. 지중해의 푸른 물, 언덕 위의 하얀 집, 파란 교회당, 그림이 있는 카페, 창에 걸린 꽃을 상상하며 얼마나 가슴 설레었는지 모릅니다. 그러나 지난가을 찾아온 이석증으로 예약을 취소하며 많이 슬펐습니다. 이석증은 연초 계획에 없던 사건이었습니다. 하늘을 날아오르는 연처럼 흔들거리며 바라본 세상은 참으로 위태로웠습니다. 아름다운 소식도 풍요로운 결실도 눈에 들어오지 않았습니다. 가을이 무르익을수록 내 어깨는 자꾸만 작아졌습니다. 나도 모르게 굽어지는 등과 쓸쓸한 어깨로 가족들의 마음을 아프게 했습니다. 힘이 들어 찡그린 얼굴을 무방비 상태로 바라보아야 하는 마음이 얼마나 힘들었겠습니까.

내가 미웠습니다. 맘에 들지 않아 미칠 지경이었습니다. 구십 노모는 늙느라고 그런다며 촉촉한 눈길을 보내셨습니다. 이 또한 지나갈 것이니 정신을 차려야 한다고 하셨습니다. 왜 그리도 눈물이 나며 위로가 되던지요.

인생은 어차피 혼자 걸어야 하는 외로운 존재이고, 맑은 날만 계속되면 온 세상이 사막이 될 거라는 어느 글귀를 붙잡고 다시 일어선 세상은 적당히 마른 곶감처럼 쫀득쫀득합니다.

올해엔 특별한 계획을 세우지 않겠습니다. 그 결과에 대한 기대가 우리를 슬프게 하기 때문입니다. 그 대신 마음자리를 위해 시간을 투자하고 싶습니다. 아직도 마음안에 가득한 미움과 질투, 두려움과 이기심, 불평과 교만의 실체들을 몰아내지 못하고 있습니다. 그들을 몰아내고 그 안에 감사와 기쁨, 겸손과 관용이 채워졌으면 좋겠습니다. 쉬운 일이 아니란 것을 알고 있습니다. 그냥 어제와 다르지 않게 와 준 새날처럼 어제와 다르지 않게 살며 조금만 더 노력을 하겠습니다. 누가 벗어 놓은 신발을 신기 편리하게 바로 놓아주는 일부터 시작하겠습니다. 아! 공동체 화장실에 가득 채워진 휴지통을 비우는 일도 있네요.

창문을 열었습니다. 얼굴에 닿는 바람이 좋습니다. 건성으로 바라본 소나무 위의 잔설이 답답하게만 느껴졌던 아파트 숲이 듬성듬성 날아가 버린 교회당 뾰족 지붕이 오늘따라 평화롭습니다. 분명 어제의 그것인데 하루 만에 변한 것이라곤 없는데…. 새날이 마술을 부리는가 봅니다. 바람이 붑니다. 소나무 위의 잔설이 화르르 떨어집니다. 가만히 바라보고 있자니, 화르르 화르르 사는 일이 삶이라고. 어떤 것에 묶이지 말고, 어떤 계획에 짓눌리지 말고, 어떤 것을 바라보지 말라고, 내게 용기를 주는 듯합니다.

그러고 보니 내 나이 귀가 순해진다는 이순이군요. 새날이 있어 참 다행입니다.

4부

비정한 가을은 그렇게 아이들을 성장시키며 깊어 갔던 것이다. 붉디붉은 고추잠자리 꼬리가 쌓여가는 만큼 가을은 무서리를 불러 오고 있었던 것이다. 생은 휘어진 대로 길이 되고 높낮이대로 언덕이 된다는 이치를 터득했던 것이다. 이미 슬픔을 정해 놓고 툭하면 눈물 짜는 약한 아이들이 아니라 처참히 죽어간 잠자리 꼬리를 보며 이를 악물었던 것이다.

당숙

중환자실에 있었다. 여러 날 음식을 거부한 것으로 보아 세상을 놓을 준비를 하는 것 같다고 당숙모는 말했다. 순간 가슴이 뜨거워졌다. 세상을 향해 소리치고 싶었다. 그러나 당숙의 눈에서 유약 같은 눈물이 흘러내려 나는 아무런 말을 하지 못했다. 그의 마지막 남은 자존심 같았기 때문이었다.

지난해 봄, 흙 굽는 일에 젊음을 바친 당숙은 시간 나는 날 다녀가라고 했다. 남에게 부탁이나 폐 되는 일이라곤 할 줄 모르는 그의 전화를 받고 순간 이상한 예감이 들었다.

간간이 오가다 들렀지만 옹기막에 들어선 것은 거의 이

십년 만이었다. 이전 모습은 간데없었다. 오래전 불 꺼진 가마는 무너져 내렸고, 깨진 옹기는 산더미처럼 쌓여 있었다. 반짝거리는 사금파리를 주워 사방치기하던 모양이 아니었다. 누군가 일부러 깨트린 것처럼 조각의 크기가 거의 같았다. 당숙과 가마를 향해 걸었다. 깨진 옹기를 피해 걸으려 했지만 불가능했다. 옹기 조각을 밟으며 나는 당숙의 정맥을 밟고 있다고 생각했다.

명품 도시를 만들기 위해 시작된 구획 정리는 옹기막을 피해가지 않았다. 포클레인이 옹기막으로 들어와 가마며 항아리들을 파기할 때 당숙은 실신했었다. 이미 옹기값은 값으로 환산되어 당숙에겐 권한이 없었지만 자식 같은 옹기가 파기되는 것은 눈 뜨고 볼 수 없었다. 소장에게 며칠 말미를 주면 옹기를 다른 곳으로 옮기겠다고 했지만 새로운 장소를 구입하지 못해 한 달여 시간을 끌고 있는 상태였기에 공사에 방해를 주는 상황이었다.

이미 지불된 값으로 인해 임무가 끝난 옹기는 무참히 죽음을 당했다. 이제 막 당숙의 손을 벗어나 건조실로 들어간 투가리, 자배기, 약탕기, 김장독, 장독……. 애벌구이를 끝낸 수많은 토기는 달을 채우지 못하고 인공중절을 당했다. 그 순간 당숙의 육신과 마음은 처참히 찢기고 무너져 내렸다. 더 이상 토기가 자신의 탯줄을 끊고 옹기로 태어날 수 없게 됐을 때 당숙은 숨을 쉴 수 없었다. 아니 옹기 값을 건네받으며 더 이상 옹기와 함께할 수 없을 것 같은 예감에 전율했다. 옹기는 돈으로 환산할 수 없는 그의 생명이었다. 평생을 옹기막에서 살아온 그에게 돈은 옹기만큼 중요하지 않았다. 부친에게 흙을 배우고 물레질을 배우며 그는 이미 세상의 욕망을 내려놓았다. 수많은 한숨과 눈물과 환희가 깃든 성지였다. 그곳을 떠날 수는 없었다. 아니 그곳을 떠난 삶은 생각하지 못했다.

행정도시가 들어선다는 소문을 듣고 "삼신할매 일거리도 줄어드는 세상에서 내가 뭐라고 안달을 하고 있는지 몰러."라며 쓴웃음을 지었을 때 당숙은 이미 세상을 놓기로 결심했는지 모른다.

옹기막은 당숙의 산실이었다. 삼신할매가 아이를 점지하듯 당숙의 손에 잡힌 찰흙은 여러 형태의 옹기로 태어났다. 모양이 기울지 않도록, 표면이 거칠지 않도록, 틈새가 생기지 않도록 혼을 불어넣었다. 날마다 그의 지문은 닳았고 지문이 닳은 만큼 정교한 그릇이 태어났다. 물레 앞에 있을 때 옹기장이의 의식 시계는 멈춰 있었다. 이따금 사내 구실 못한다는 당숙모의 푸념과 함께 당숙의 산통은 되풀이 되었다.

애벌구이한 토기가 유약을 입고, 가마 안에 들어가는 날 옹기막에서는 의식이 거행됐다. 그날만큼은 당숙도 멀쑥한 사람이 되었다. 모처럼 목욕과 이발을 하고 깨끗한 한복으로 갈아입었다. 막걸리와 돼지머리를 가마 앞에 차려놓고 큰절을 올렸다. 쩍쩍 갈라진 큰 손을 땅에 대고 손발 멀쩡한 자식이 태어나길 빌었다. 옹골차고 훤칠하게 태어나기를 간구했다. 그때만큼은 뚝심 있고 덩치 큰 당숙도 연약한 인간이었다.

당숙은 수백 개의 항아리를 바라보며 "마음에 드는 거 있으면 다 가져가라."고 내게 말했다. 그의 혼이 담긴 제품은 어디에 내놓아도 부끄럽지 않은 자식들이었다. 어느 것도 선택할 수가 없었다. 당숙의 도장과 주민증이 들어있는 토기항아리를 집어 들었다. 여기저기 상처 난 항아리는 노을빛을 띠고 있었다. 조심스럽게 자동차에 실었다. 당숙의 세월이 따라와 항아리 속에 들어앉았다.

당숙은 깨진 옹기더미에 앉아 담배에 불을 붙였다. 깊은 숨을 몰아쉬며 내뱉은 담배 연기는 옹기막 구석구석으로 사라졌다. 담배꽁지에 불이 가물거릴 때까지 당숙은 그렇게 말없이 앉아 애꿎은 담배만 태우고 있었다. 숨이 막힐 것 같았다. 이제 그만 괴로워하라고 말해주고 싶었지만 나는 같잖은 위로를 보태지 못했다. 어쩌면 옹기장이 오십여 년 동안 힘겹고 서러웠던 세월을 모두 태우고 있는지 모른다는 생각이 들어서였다.

옹기막으로 인해 땅값이 떨어지니 마을을 떠나라며 동네 사람들이 몰려와 옹기막을 난장판으로 만들었을 때, 스테인리스의 출현으로 옹기가 사양길로 접어들어 오남매를 공장으로 보냈을 때도 당숙은 가마에 걸터앉아 담배 한 개비로 힘겨운 인생을 위로했었다.

"한창 젊을 땐 가마 앞에 앉아야 힘이 나더만 이제 나이 들어 옹기가 뭔지 조금 알 것 같으니 겁이 나. 차라리 잘 됐어."

내가 들은 당숙의 마지막 말이었다. 내가 당숙에게서 받은 정서는 회색빛 찰흙이고 깨진 사금파리다. 질척한 냄새이고 밤새 들었던 물레 소리다. 내 허파를 통해 몽환적인 환희로 변했던 당숙의 침묵과 땀방울이다. 그 영향일까. 나는 옹기에서 남자의 고된 삶을 본다. 근사한 카페 울타리로 쓰이는 항아리 속에서, 친구네 뒤란 장독대에서 남자의 체취를 맡는다. 기침 소리를 듣고 애잔함을 느낀다.

토목공사 담당 소장의 배려로 살아남은 수백 개의 항아리를 도심에 부려놓고 당숙은 끝내 입원을 했다. 물 한 모금 자식에게 건네지 못한 어미낙타처럼 절망하며 음식을 거부했다.

에덴동산을 만들겠다며 숲을 태우면 짐승이 기뻐할까.

모래성을 쌓겠다고 바닷물을 빼내면 물고기가 반길까.

당숙의 눈에서는 여전히 유액 같은 눈물이 흘러나왔다.

고추잠자리 울음 들리지 않은가

어린 날의 가을엔 고추잠자리가 있다. 장마가 물러가고 벼이삭이 꽃을 피우면 고추잠자리가 날아들었다. 떼를 지어 고추밭이며 코스모스 길가를 날아다녔다. 잠자리 떼는 파란 하늘을 천천히 비행하다 잽싸게 원을 그렸고, 수숫대에 앉아 동그란 눈을 이리저리 굴렸다. 이때쯤이면 아이들은 약속이나 한 듯 제 키만 한 싸리비를 들고 잠자리 사냥에 나섰다. 소탕작전이라도 벌이는 병사들처럼 함성을 지르며 하늘을 쓸고 다녔다. 갑자기 복병을 만난 잠자리는 민방위 훈련이라도 받아 두었던지 보란듯이 싸리비를 피해 높이 날아올랐다. 훈련은 과학적이었다. 높게 오르는 척하다 낮게 곤두박질하여 아이들의 함성을 불렀고 그 함성이 싸리비와 함께 하늘을 치솟을 때 수직으로 차고 올랐다. 자치기 계산법밖에 모르는 아이들이 1초에 30번의 날갯짓을 하는 잠자리 훈련을 당해내는 일은 버거웠다.

얼굴이 붉어지고 목에 검은 물이 흘러야 그들의 전략을 감지했다. 잠자리는 아침 이슬이 마르기 전 힘이 없다는 사실을…….

이슬을 머금은 잠자리는 맥을 못 춘다. 날개 몇 번 푸드득거리다 이내 아이들의 포로가 된다.

창호지처럼 투명한 잠자리 날개 속에는 가을의 비상이 숨어 있었던 것이다. 날개가 투명할수록 몸놀림이 민첩할수록 포로를 다루는 아이들의 마음은 잔인해졌다. 손아귀에 들어온 포로를 바라보며 냉정한 웃음을 지었다. 가을은 처참한 아름다움이었다.

포로는 이미 알고 있었다. 아무리 저항해도 적군의 손을 벗어나기 어렵다는 사실을. 그저 적군의 법에 따라 순종해야 한다는 사실을. 그렇다고 거룩한 죽음을 맞이하지는 못했다. 먼저 날개 한쪽이 잘려 나갔다. 날지 못하는 잠자리는 이미 잠자리가 아니다. 흙바닥에서 파닥거리는 모습을 보며 아이들은 쾌감을 느꼈다. 쾌감은 더 강한 쾌감을 요구한다. 빨갛고 부드러운 꼬리를 잘라내고 그곳에 싸리비

줄기를 끼웠다.

이제 아이들은 잠자리를 날리는 일에 쾌감을 건다. 잠자리 꼬리 대여섯 마리를 손에 들고 하늘을 향해 날리지만 이내 발아래로 맥없이 떨어진다. 그것으로 끝이다.

쾌감은 잠자리의 죽음과 동시에 사라졌던 것이다. 손가락에서 바들거리는 촉각을 느끼기 위해, 눈앞에서 굳어가는 꼬리를 보기 위해 빗자루를 들었던 것이다. 허공에서 비행하는 날개를 정복하기 위해 사냥에 몰두했던 것이다. 가을이 가면 까맣게 잊히는 유희의 일부가 삶의 연속이었음을 몰랐던 것이다.

가을이 익어 손등에 시커먼 때가 덕지덕지 붙으면 들판엔 고추잠자리 시체가 널브러졌다. 시체 위의 시체. 그 곁에 피어있던 코스모스 무리. 가을이었던 것이다.

코스모스를 닮은 아이들은 하나둘 도시로 떠났다. 학비를 벌기 위해 달콤한 잠을 포기했고, 남자와 여자가 다름을 배우며 청년이 되었다. 어른을 왜 공경해야 하는지 자식은 어찌 훈계해야 하는지 인간의 도리를 알아가며 어른이 되었다. 서리 내리기 전 가을걷이를 위해 무엇을 해야 하는지, 통장의 잔고를 비우지 않기 위해 어찌해야 하는지 경제 관념도 익혔다.

비정한 가을은 그렇게 아이들을 성장시키며 깊어 갔던

것이다. 붉디붉은 고추잠자리 꼬리가 쌓여가는 만큼 가을은 무서리를 불러 오고 있었던 것이다. 생은 휘어진 대로 길이 되고 높낮이대로 언덕이 된다는 이치를 터득했던 것이다. 이미 슬픔을 정해 놓고 툭하면 눈물 짜는 약한 아이들이 아니라 처참히 죽어간 잠자리 꼬리를 보며 이를 악물었던 것이다. 찢어진 날개에서, 잘려나간 머리에서 삶의 처절함을 배웠던 것이다.

그리고 역사의 한가운데서 가난을 몰아내고 민주화의 주역이 되었다. 지난날의 가난과 아픔을 덧칠하지 않아도 가슴 울리는 아름다운 삽화로 그려 낸 것이다. 아픔을 드러내는 일이 용기라는 것을 그들은 알고 있었기 때문이다.

이들의 삶이 세상을 적시는 단비가 아니어도, 이들의 대화가 영혼의 때를 씻어내는 명언이 아니어도. 토란대 위에 피어올랐던 이슬방울이 한데로 모아지듯, 고추잠자리 떼 지어 다니는 곳으로 돌아왔다. 세현, 우준, 성례, 영수, 경희, 용성, 상남, 옥례, 순상, 원춘, 규수, 창기, 경옥, 춘란, 처관, 재광, 예자, 복남, 진석, 만길, 영자야!

기도해야 할 것 많은 이 가을 고추잠자리 울음 들리지 않는가.

장 씨

종로 탑골공원. 벤치 아래 지렁이 한 마리가 누워 있다. 언제부터 그런 상태로 있었는지 기진맥진한다. 온몸을 이리저리 뒤틀지만 제자리를 맴돌 뿐, 칠월의 태양은 지렁이 피부에 있는 수분을 증발시킨다. 한참을 꿈틀거리자 도깨비바늘 털옷에 달라붙듯 지렁이 몸에 흙먼지가 달라붙는다.

이 어려운 상황을 벗어나려면 비가 내리든지 누군가 습기가 있는 곳으로 옮겨줘야 한다.

비는 올 것 같지 않고 나 또한 지렁이를 다른 곳으로 보내 줄 용기가 없어 자리를 조금 바꿔 앉았다.

그래도 꿈틀거리는 시선이 느껴진다. 태양은 조금 전보

다 더욱 강한 열을 뿜어내고, 지렁이의 움직임은 조금씩 느려진다.

마시던 캔커피 한 방울을 지렁이에게 떨어뜨렸다. 심장 박동이 빨라지는지 꼬리를 동그랗게 말며 꿈틀거린다. 다시 한 방울을 떨어뜨렸다. 머리를 반쯤 들어 올려보지만 앞으로 나가지 못한다. 이런 상태라면 지렁이는 갈 길을 가지 못하고 생명이 끝나버릴 것이다.

태양은 여전히 공원에 떠 있고, 노인들은 부채질을 하고, 매미는 더욱 큰 소리로 짝을 부르고, 비둘기 서너 마리가 잔털을 날리며 푸드득거린다.

공원 앞 빌딩은 햇살에 반사되어 더욱 눈부시고 사람들은 바삐 빌딩 안으로 사라진다.

대형 텔레비전은 쇠고기 수입 반대 시위 현장을 연신 보여주며, 오늘 밤에도 광화문에 수만 명이 집결할 것이라고 한다.

"습기가 있는 곳에서 살아야 하는 환형 동물이 어쩌자고 흙 한줌 없는 이곳으로 왔을까. 길을 잘못 든 게야."

중얼거리며 나뭇잎을 뜯어 지렁이 위에 올려놓고 운동을 하기 위해 자리에서 일어섰다. 그러나 공원을 몇 바퀴 도는 동안 나는 그 모습에서 벗어나지 못했다. 속으로 노래를 부르고, 숫자를 헤아려도 눈은 지렁이에게 갔다.

그 위로 피 젖을 먹고 자라 군에 간 아들 얼굴이 떠올랐다. 아들이 태어나고 사흘이 되어도 젖이 돌지 않아 새 생명은 울부짖었다. 나오지 않은 빈 젖을 물고 어찌나 힘차게 빨아 대던지 살이 갈라져 피가 나왔다. 온몸이 찢어지는 통증을 견디지 못해 젖을 빼면 자지러지게 울었다.

살아야 한다는 인간 본능이었을까. 새 생명은 2주 동안 어미의 젖꼭지에 생채기를 내고 피 젖을 먹으며 살았다.

어쩌면 지렁이도 지금쯤 살기 위해 마지막 몸부림을 치고 있지는 않을까. 하던 운동을 멈추고 나무젓가락과 물 한 병을 사 들고 급히 지렁이가 있는 곳으로 갔다. 풀잎을 걷어올리자 조금 전보다 더 말라 버린 물체가 꼼지락거렸다.

서울살이 오 년차 장 씨는 오늘도 인력시장에 앉아 있다. 손바닥에 잡힌 굳은살을 뜯어내며 부도로 인해 감당해야 할 부채와 아내의 잔소리를 생각한다.

똥배도 힘이다

욕먹을 소리 좀 해야겠다. 나는 마른 사람보다 살집이 도톰하고 뼈대 굵은 여성이 좋다. 골반 근육이 튼실해 다리에 힘주고 서 있으면 어떤 비바람에도 꿈쩍하지 않을 것 같은 그 단단함이 부럽다. 평생 뻣뻣한 몸으로 춤 한번 못 추고 살아온 숙맥은 리듬에 맞춰 부드럽게 돌아가는 유연성이 그렇게 부러울 수가 없다. 니트 밖으로 봉긋하게 드러난 두 동산을 타고 내려와 이룬 언덕을 보면 다가가 만져보고 싶은 욕망이 꿈틀거린다. 나도 그런 몸을 갖고 싶었지만 평생 사십육 킬로그램을 넘어보지 못했다.

나는 애초부터 풍만한 유전자를 갖고 태어나지 못했다.

친구들보다 발육이 더뎠다. 친구들이 하나둘 브래지어를 착용할 때마다 부러운 시선으로 그들을 보았고, 함께 목욕탕에 가는 행사에도 참여하지 못했다. 누군가 내게 일러준 대로 언니의 속옷을 훔쳐 걸고 보름달을 보며 어서 키가 자라고 가슴이 봉긋해지기를 빌었지만 그 바람 역시 이루어지지 않았다. 야식을 먹고 밤마다 다리 위에서 떨어지는 꿈도 수없이 꾸었지만 늘 친구들보다 머리통 하나쯤은 작았다.

지금도 뼈는 가늘고 살집은 넉넉지 못하다. 여럿이 찍은 사진 속의 나는 작고 왜소해 초라하다. 등은 굽고 어깨는 움츠리고 있어 소극적으로 보인다. 이런 몸으로 세상을 사는 일은 조금 버거웠다. 지구력이 부족해 힘든 일 앞에서 주춤거렸고, 비장 기능이 약해 많은 음식을 척척 소화해내지 못한다. 게다가 멀미까지 심한 탓에 아름다운 울릉도 한 번 다녀오지 못했다. 마라도 뱃전에서 노란 물까지 토해낸 기억은 긴 장마 낙숫물소리만큼 지루하다.

본의 아니게 작은 외모 때문에 여성스럽다는 말을 자주 듣는다. 여성스럽다는 말속엔 온순하고 순종적이란 뜻이 있다. 반면 왠지 소극적이고 내숭 잘 떨 것 같다는 뜻도 들어 있다. 대부분 좋은 뜻으로 하는 말이겠지만 나는 후자의 해석으로 그 소리를 들을 때면 기쁘지 않다. 그런 말을 들을 때마다 나도 셔츠 깃 세워 입고 빅백 메는 것이 소원인 피 끓는 여성이라고 말하고 싶지만 그게 무슨 소용이 있겠는가. 이미 내 가슴과 허벅지 둘레는 훤히 드러나 있는 것을.

처음 예비 시어머님께 인사드리던 날의 풍경은 아직도 인두 자국처럼 마음에 남아 있다. 중국집 식탁에 세 사람이 마주 앉았다. 음식을 시키려는 애인 얼굴이 붉어졌다. 그때 대각선 식탁 아래서 벌어지는 풍경은 한 편의 콩트같았다. 아들의 발을 찍어 누르는 어머님의 행동은 필사적이셨다. 누가 봐도 며느리 감이 마음에 들지 않으니 음식을 시키지 말라는 신호였다.

훗날 덩치 작은 맏며느리 감이 마음에 들지 않으셨다는 어머님의 고백을 내가 내 아들에게 며느리 감은 뼈도 굵고 덩치 있는 여성이면 좋겠다는 부탁을 하며 다시 떠올렸으니 나보다 덩치가 더 작으셨던 어머님의 삶에 연민이 인다.

요즘 몸무게 50킬로그램을 목표로 살을 찌우고 있다. 살은 빼는 일도 어렵지만 찌우는 일도 쉽지 않다. 평생 먹어온 식습관을 바꾸는 일 또한 어렵다. 평소 잘 먹지 않던 밀가루와 육류는 소화제와 함께 먹는다. 다행인지 허리둘레가 눈에 띄게 굵어졌다. 골고루 살이 찌면 좋으련만 나이 탓인지 똥배가 먼저 나온다. 그래도 좋다. 물컹하게 잡히는 뱃살이 여간 든든하지 않다. 이제 나도 당당해질 것이다. 셔츠 두 장 깃 세워 겹쳐 입고 빅백을 메고 싶어서가 아니다. 내숭 떨 것 같은 인상을 지우고 싶어서는 더더욱 아니다. 대중목욕탕 사우나실에서 나를 못마땅하게 여기는 여성과 맞장 한번 붙고 싶어서다.

동네 목욕탕엔 사우나를 즐기는 옷 벗은 마하(고야의 옷을 벗은 마하)들이 많다. 그들의 모습은 한 편의 콩트다. 수건으로 얼굴을 가린 마하, 물바가지를 뒤집어쓴 마하, 몸과 얼굴을 땀복으로 칭칭 동여맨 마하, 아랫도리에 수건 한 장 걸쳐 놓고 늘어지게 잠자는 마하. 나는 그녀들과 인사를 하며 지내는데 그중 유난히 덩치 좋은 여성이 나를 못마땅하게 여긴다. 내가 사우나실에 머무는 일은 극히 드물다. 욕탕물이 더러울 때 10분 정도 몸을 데우는 것이 전부다. 그때 그녀는 일부러 차가운 물을 내 쪽으로 흘려보내고, 커다란 엉덩이를 들이밀어 자리를 빼앗곤 한다. 두 다리를 쩍 벌리고 누워 내 몸을 아래위로 째려보면 가슴이 쿵쾅거린다.

두어 번 맞장을 뜨고 싶었지만 나는 안다, 어떤 방법으로든 내가 그녀를 이길 수 없다는 것을. 말로 따지기 전에 가슴부터 쿵쾅거릴 것이고 그녀가 한 팔로 나를 내동댕이치면 저만치 나동그라질 것이 뻔하다. 그러니 싸움은 애초에 불가능한 것이다.

그저 그녀의 풍만한 가슴과 허벅지가 부러울 뿐이다. 그녀가 사우나실에 있으면 지은 죄도 없이 귀퉁이에 쪼그리고 앉는다. 몸을 데우는 데 10분이면 되는데, 그녀가 먼저 일어나지 않으면 나도 일어나지 못한다. 내가 먼저 일어나 그녀 앞을 지나가면 뜨거운 물을 뒤집어씌울 것 같은 두려움 때문에 데어 죽을 것 같아도 먼저 일어나 그녀 앞을 지나갈 수 없다.

약자의 비굴함이라니. 거미줄에 걸려든 말잠자리 신세다. 목욕탕 안에서도 이럴진대 돈과 권력이 힘이 되는 세상 밖은 오죽하겠는가.

요즘 불어나는 뱃살을 만지며 나는 대담해지고 있다. ―옷 벗은 마하―처럼 침대 위는 아니지만 실오라기 하나 걸치지 않고 탈의실을 어슬렁거리기도 하고 평상 위에 벌렁 눕기도 한다. 나를 밀어낸 엉덩이 큰 여성이 들어와도 겁나지 않는다. 그녀 앞에서 보란 듯이 똥배에 더욱 힘을 가한다. 맹꽁이배처럼 불룩해지는 똥배도 나에겐 힘이다. 돼지도 닭도 똥배 있는 놈 가격이 더 비쌀까?

평상에 누워 뜨거운 물을 그녀 쪽으로 보내는 상상을 한다. 두 다리 쩍 벌리고 앉아 수다도 좀 떨어볼까.

똥배를 쓰다듬으며 ㅎㅎㅎ 음흉한 미소를 진다.

그래도 희망은 있는 걸까요

처서를 비웃기라도 하는 걸까요? 흘러내리는 땀을 주체할 수가 없습니다. 방송에서는 몇 년 만에 찾아온 더위를 연신 소개하고 있습니다. 땀을 흘리고 싶어도 잘 나지 않던 체질이었는데 어디에 이 많은 땀이 숨어 있는지 신기할 정도입니다. 더위를 이기게 하는 삼계탕도 몇 마리 먹고, 보신탕도 먹었는데 아무 도움이 되지 않습니다.

잠시라도 기계의 도움을 받지 않으면 숨이 막힐 지경입니다. 어쩔 수 없이 에어컨과 선풍기를 켭니다. 배가 아프고 머리가 띵합니다. 기계를 끄고 부채를 폅니다. 대나무 부채가 일으키는 자연바람이 얼굴의 열기를 식혀줍니다.

기계바람처럼 몸 전체를 시원하게 하진 않지만 자극적이지 않아 몸은 편안합니다.

부채 바람만 가지고도 찐득한 여름을 잘 견뎠던 풍경들이 그리워집니다. 불과 몇 십 년 전만 해도 무더운 여름밤이면 마당에 멍석을 깔아 놓고 누웠습니다. 까만 밤하늘에선 금방이라도 주먹만 한 별들이 쏟아져 내릴 듯 반짝거렸고, 이따금 별똥별은 꼬리를 남기며 저 너머 마을로 떨어지곤 했습니다. 그 마을엔 어떤 사람들이 사는지 궁금했습니다. 마당 한쪽에는 웃자란 쑥으로 모깃불을 놓았습니다. 연기 속에서 쑥 냄새가 났습니다. 매캐한 향기는 코끝에서 아른거리다 어디론가 사라지곤 했습니다. 신기한 일은 극성을 부리던 모기도 모깃불만 피우면 감쪽같이 사라진다는 것이었습니다. 정말 모깃불이 효력이 있는지 묻는 내게 어른들은 모기는 콧구멍이 작아 연기를 맡으면 숨을 쉴 수 없어 도망을 간다는 것이었습니다.

지금도 그 대답이 맞는지 알 수 없지만 무더운 여름밤 모기에 물리지 않은 것을 보면 크게 틀리지 않은 것 같습니다. 코가 막힌 모기, 우습지 않습니까? 그러면서도 어른들은 모기가 달려들까봐 허공을 향해 부채질을 했습니다. 종이부채는 그리 흔하지 않았고 비료 포대를 잘라 만든 부채가 대부분이었습니다. 어른들 사이에 누워 있으면 긴긴

이야기와 함께 시원한 부채바람이 불었습니다. 그 바람이면 아무리 더워도 스르르 잠이 들곤 했습니다.

그 시절도 나름 더웠을 텐데 부채바람으로 초복 · 중복 · 말복 더위를 이길 수 있었습니다. 거기에 정성스레 만든 칼국수, 물고기매운탕, 수박화채가 더위를 이기는 데 한몫을 했습니다. 특히 우물 속에 넣어 두었던 콩국수와 미숫가루는 더위를 한 방에 날리는 특수 요원이었습니다. 참으로 원시적이지만 그래도 그들 덕분에 고통 없이 여름을 날 수 있었습니다.

가끔씩 세상일도 이렇게 단순했으면 좋겠다는 생각을 합니다. 분명 세상은 좋아졌는데 여름만 되면 되풀이되는 일들이 많습니다. 여름이면 등장하는 물난리, 각종 산업재해, 폭염처럼 올라가는 물가와 등록금, 교통재해 등 그 앞에서 속수무책, 수수방관, 떠넘기기 행정은 우리를 더욱 무덥게 합니다. 올여름 우리를 가장 아프게 하는 것은 산사태로 인한 젊은이들의 죽음입니다. 인간이 만들어 놓은 문명이 빚어낸 재해입니다. 개발 명목을 앞세워 마구 파헤친 흔적입니다.

이 시간에도 자식을 떠올리며 속울음을 울고 있을 부모들을 생각하면 가슴이 먹먹해집니다.

건물마다 아파트마다 베란다에 설치된 에어컨 실외기를

보면 가슴이 철렁합니다. 아파트 지하 2층 주차장을 가득 메우고도 부족해 날마다 주차 전쟁을 벌이는 모습을 보면 자손들 앞날이 걱정되어 한숨이 나옵니다. 그러면서도 나 먼저 에어컨과 자동차를 없애지 못하니 할말이 없습니다.

그 옛날 우리는 발전하지 않았어도 행복했습니다. 연기로 모기를 쫓아내고 부채로 땀을 식혔지만 땀띠가 나지 않았습니다. 하루 몇 번 운행하는 버스도 시간이 되면 어김없이 우리들 앞에 나타났습니다. 덜컹거리는 우마차 뒤에 앉아 읍에 나가 본 기억이 있는 사람이라면 그 시절이 얼마나 맑고 투명했는지 이해할 것입니다. 게다가 느리게 살아 횡재한 사람도 있다면 믿으시겠습니까. 옛날엔 출생신고도 마을 이장이 몰아서 했습니다. 이장의 착오로 1~2년 출생신고가 늦어진 사람들은 지금 정년 연장이라는 연금을 받고 있습니다.

우리는 어디까지 발전을 해야 멈출 수 있을까요. 얼마만큼 채워야 만족할까요.

욕망은 욕망을 낳습니다. 기계바람은 잠시 시원하게 하지만 그것을 끄는 순간 더한 더위를 느끼게 합니다. 우리가 발전이라며 파헤친 자연의 면적만큼 내년 기온은 더 올라갈 것이고 비는 더 많이 내릴 것입니다. 이 악순환을 어떻게 해야 할까요. 이래저래 잠 못 드는 밤입니다.

그래도 가을은 오고 있으니 희망은 있는 걸까요.

시계를 차는 남자

시계는 멈추지 않는다. 다만 쉬고 있을 뿐이다. 방전된 건전지를 교체하면 초침소리를 내며 정확한 시간을 알려준다.

남편이 35년 공직생활을 하며 남긴 것은 그리 많지 않다. 몇 벌의 양복과 넥타이, 서너 개의 가방과 지갑, 벨트와 구두는 묵은 세월을 말해주듯 버릴 것이 많았다. 값으로 따질 수 없는 상장과 패, 귀중한 자료와 책은 정리하는데 이틀이 걸렸다. 35년 압축된 삶의 부피가 참 가볍다는 생각이 들었다.

그중에서도 내가 소중하게 다룬 것은 오십여 개의 시계들이다. 메탈 예물 시계, 봉황이 그려진 대통령 시계, 각종

부상으로 받은 전자 시계, 회사 로고가 찍힌 사은품 시계는 빛깔과 모양은 다르지만 한 남자의 역사를 말해 주었다. 이제 초침이 떨어지고 가죽과 칠이 벗겨져 재개발구역처럼 초라하지만 시계는 제 일을 다했으니 부끄럽지 않을 것이다.

내가 조강지처라고 대충대충 살아올 때 시계는 초를 다투며 그에게 헌신했다. 덜 깬 눈을 부비며 남편을 배웅한 뒤 펑퍼짐한 모습으로 시간을 보낼 때 시계는 일과를 점검하며 남편의 발을 재촉했을 것이다. 나는 그와 동행할 수 없는 곳이 많았지만 시계는 늘 따라다녔다. 회의석상에도 승진 시험장에도 요정에도 함께했으니 조강지처보다 더한 대우를 받는 것은 당연하다.

부드러운 천으로 저마다 사연이 있는 시계를 정성들여 닦았다. 지금은 멈춰 있지만 예물 시계를 고를 때 우리는 꿈에 부풀어 있었다. 가진 것 없는 가난한 연인은 사랑하므로 두려울 것도 무서울 것도 없었다. 서로 의지하고 사랑하면 어떤 어려움도 극복할 수 있을 것 같았고 열심히 노력하면 좋은 날도 있을 것 같았다. 미래를 꿈꾸는 가난한 연인은 그래서 행복했다.

남편은 평생 손목에서 시계를 풀지 않았다. 핸드폰이 나와 시계가 필요 없을 때도 무더운 여름, 온몸에 땀이 흘러도 시계를 찼다. 그러는 그가 시대적으로 뒤떨어지는 것 같아 답답해 보였지만 지금 생각해 보면 남편은 시계를 참으로써 심리적인 안정을 얻으려 했던 것 같다. 세상살이가 어려워 주저앉고 싶을 때 쉬지 않고 흘러가는 시계를 보며 미래에 대한 불안한 마음을 다잡았던 것은 아니었을까 하는 생각이 든다.

유난히 애착이 가는 시계가 있다. 남편은 지방에 근무한다는 이유로 승진에서 2년 연속 밀렸다. 상대보다 높은 점수, 평점이었기에 남편의 실망은 컸다. 승진 발표가 있던 날 집에 돌아와 여느 때처럼 발을 씻었다. 문지방에 걸터앉아 물기를 닦던 남편의 등이 흔들렸다. 자존심 하나로 버텨온 인생이었다. 일에서는 누구에게도 지지 않는 능력 있는 직장인이었다. 그런 사내가 울고 있었던 것이다.

나는 아무런 행동을 취하지 못했다. 그가 벗어 놓은 양말을 세탁기에 넣고 풀어 놓은 시계를 책상 위에 올려놓다 오열했다. 얼마나 많은 시간을 사용했는지 시곗줄 구멍이 까맣게 파여 있었다. 고리가 드나들며 수없이 부딪치며 낸 상처가 그의 마음 같았다.

나는 등 뒤에서 남편의 머리를 가슴에 안았다. 가슴에서 산 같은 것이 무너져 내리는 소리가 들렸다. 그때 남편이 차고 다녔던 시계를 나는 재산 목록 2호로 정했다.

남편은 용띠. 고집이 있고 잡기에 능하지 않다. 술과 친구, 산과 책을 좋아하는 남자다. 게다가 한 가지밖에 모른다. 정원에 물 좀 주라고 부탁하면 매일 준다. 비가 와도 주고 해가 떠도 준다. 2만 원 나오던 물세가 5만 원이 나와서 적당히 주라고 하면 내가 외출했을 때 얼른 주는 남자다. 그러니 젊은 땐 부부싸움도 많이 했다.

하지만 그가 시계를 차는 순간 미운 마음은 사라지고 묘한 매력을 느꼈다. 샤워를 끝내고 얼굴에 스킨 바르고, 셔츠 입고, 넥타이 매고, 양말 신고, 양복 걸치며 미소 지을 땐 그저 그렇지만. 시계를 차고 양복주머니 툭툭 쳐내리며 등을 보이는 남자를 나는 사랑하지 않을 수 없었다.

대통령 시계는 묵직하다. 쓰레기통에 버려졌던 것들을 내가 수거해 지금까지 보관해 왔다.

남편은 공직생활을 하며 역사의 귀퉁이에서 많은 일을 겪었다. 직업상 국가가 어려움에 처할 때마다 최일선에 있었다. 대통령을 측근에서 모셔야 할 때도 있었다. 며칠씩 밤새워 가며 행사를 마치면 대통령 시계를 선물로 받았다. 하지만 믿음이 실망으로 돌아오는 것이 우리의 현실이기도 하다. 어느 날 남편은 두 개의 시계를 쓰레기통에 버렸다. 충성했던 만큼 실망한 남자의 표현이었다.

회사 로고가 찍힌 시계는 남편의 폭 넓은 대인관계를 말해준다. 남편은 인복이 많은 사람이다. 그의 주변에는 늘 사람들로 북적인다. 덕분에 우리 집 냉장고는 항상 비상사태이고 집안은 수시로 정리정돈을 해 둔다. 그래야 부지불식간에 찾아오는 손님들이 밉지 않기 때문이다.

요즘도 남편의 일정관리를 돕는 것은 시계다. 내가 하는 일은 구멍이 까맣게 변색된 시곗줄을 보며 남자의 인생을 보는 것이다. 집에 돌아오자마자 시계를 풀러 책상 위에 던져버리면 뭔가 답답하다는 표시고, 고이 올려놓으면 만족한 하루였다는 신호다.

일생 한 사내와 함께한 시계는 오늘도 쉬지 않는다. 인생 2막을 시작한 그는 오늘도 시계를 차고 좁은 사무실로 향한다.

5부

주부구단은 안다, 낙지는 마지막 숨을 거둘 때까지 몸부림친다는 사실을. 펄펄 끓는 물속에서도 적당히 몸부림 쳐 연포탕의 진가를 높여준다는 사실을. 그래서 오늘도 시장은 꿈틀거린다. 그리고 나는 낙지를 먹을 것이다.

배알 꼴리거든*

세상이 그대를 아프게 하는가. 미운 사람을 용서할 수 없는가. 등에 진 짐이 무거워 주저앉고 싶은가. 이런 단어들이 며칠 마음속을 지배하면 그것은 이미 저수지가 홍수 조절 능력을 상실한 상태다.

잠시 하던 일을 멈추고 속리산 자락에 자리한 식당에서 조껍데기술을 마셔볼 일이다. 지에밥에 누룩과 차조를 넣어 발효시킨 술은 백미의 향이 적고 취기가 빨리 올랐다 내린다. 일반 막걸리와 달리 쌉쌀하고 고소한 맛은 걸쭉하고 부드럽게 목젖을 타고 내려간다. 안주 역시 일미다. 노릇노릇 지져낸 감자, 표고파전은 눌린 신경을 일어서게 하고, 곰취, 곤드레, 당귀, 고사리나물은 배배꼬인 오장육부를 되살아나게 한다.

충북 사람들은 조껍데기술을 줄여 조깐술이라고 한다. 예를 들어 '잠시 실례하겠습니다.'를 —좀 봐유—. '이 콩깍지가 깐 콩깍지인가 안 깐 콩깍지인가.'를 —깐겨 안 깐겨—라고 하는 것처럼 말이다.

조깐술을 조금 센 발음으로 하면 좆깐술로 들리기도 하는데 이 술은 계절을 가리지 않는다. 봄비가 내리면 옛 동무를 불러내고, 여름이면 이웃과 뚝배기 가득 부어 즐긴다. 좋은 이들과 나누다 보면 술맛보다 말맛에 취한다. 술자리가 길어지고 이야기도 길어지는 것이다.

한두 잔 건배가 이루어지고 서너 차례 잔이 건네지다 보면 신기한 마술에 걸린다. 마술에 걸린 이성은 현실의 슬픔과 고통을 몰아내고 그 자리에 현재의 시각으로 멈춰 서 있게 한다. 체면치레하느냐 보이지 않던 세상이 전혀 다른 느낌으로 다가오기도 하고 평소 내지 못한 객기를 부리기도 한다. 팔자걸음으로 속리산을 향해 조용필의 「돌아와요 부산항」을 불러젖히고, 은행나무를 향해 물건을 들이대고 한 줄기 시원한 분수를 뿜어대기도 한다. 그 순간만큼은 세상이 두렵거나 무겁지 않은 것이다.

지난가을 전국에서 모인 동기들과 속리산 등반을 했다.

산행을 마치고 저녁식사를 하기 위해 식당에 갔다. 반주로 충북을 대표하는 술을 청했다. 각자 앞에 놓인 술잔에 술이 채워지고 무사 산행을 기념하는 건배 제의에 맞춰 모두 한 잔씩 숨도 쉬지 않고 들이켰다. 친구들은 무슨 술이 이렇게 맛이 있느냐며 물었다. 나는 요염하게 화답했다.

—이 술은 원래 조껍데기술인디 청주 사람들은 줄여서 조깐술이라고 햐. 나는 조깐술에 콧바람을 넣어 말했다.

—좆깐술이라, 어쩐지 좆나게 마싯네.— 일행은 식당이 떠내려가도록 웃어젖혔다. 노르스름한 조깐술이 거무튀튀한 좆깐술로 격하되는 순간이었다.

조깐술이 좆깐술로 바뀌자 이름표도 직함도 우수수 떨어져 내렸다. 체면도 가면도 훌렁 벗겨놓았다. 이루어지지 않은 꿈을 세상에 돌아다니는 돈을 헌 신짝처럼 버리고 있었다. 이때 누군가의 입에서 육두문자가 튀어 나왔다. 처음 가볍게 시작된 육두문자는 시간이 깊어 갈수록 농익었고 그에 비례해 분위기 또한 짙어져 갔다. 술잔에 달이 뜨고 이슬이 내려도 이야기에 취해 휘청댔다. 누구 하나 나무라거나 못마땅해하지 않았다. 모처럼 조깐술 한 잔 앞에서 무거운 세상을 내려놓고 있었다. 누구라는 이름 대신 학창시절로 돌아가 새로운 꿈을 꾸는 듯했다.

오래전부터 욕은 성을 빗대어 사용됐다. 특히 남성의 성기를 빗댄 욕이 많았다. 가진 것이 없을 때, '가진 것이라곤 불알 두 쪽밖에 없다느니.' 용기 없는 사내 보고, '불알만 찼다고 다 남자냐.'라고 비아냥댔다. 그 두 쪽을 가진 죄로 평생 그곳에 땀이 나도록 일해야 처자식을 건사할 수 있다. 그래서일까. 남성들은 신세타령할 때, '좆나게 힘들다.'라고 한다.

사람들은 살다가 꼴사나운 일을 당하면 악의 없이 '좆까네'라는 말을 내뱉는다. 이리저리 따지며 상처를 주고받는 대신 한마디 툭 내뱉으며 마음을 정리한다.

좆이라는 것은 죽었다 싶다가도 어느 순간 민항기 대가리처럼 불쑥불쑥 솟아 짱짱한 연장이 된다. 이렇듯 사는 일도 불쑥불쑥 솟아나는 좆만 같다면야 무엇이 두렵겠는가. 꼴사나울 일이 무엇이겠느냐 말이다.

자본주의 사회에서 살아남으려면 시원한 배설이 필요하듯 아주 가끔 조깐술을 핑계 삼아 서너 마디의 욕으로 세월을 비웃어 보면 어떨까. 이것 또한 소비문화가 되지 않을까.

끝없는 욕망과 버려지지 않은 욕심을 어떻게 배설할 수 있겠는가. 안전불감증 시대에 살면서 어찌 고상한 척 고운 말만 쓰고 살 수 있겠는가.

배알 꼴리는 일이 있는가. 세상이 그대를 아프게 하는가. 속리산에서 조깐술에 취해 볼 일이다.

누가 알겠는가. 좆깐술 한 잔에 죽었던 그것이 불쑥 불쑥 솟아오를지.

* 신준수의 시 「좆 깐 술」에서

못갖춘마디

살다 보면 잘못 선택한 간절기 옷처럼 마음이 불편할 때가 있다. 평소 잘 입지 않던 목티를 입고 외출한, 그것도 나일론이 섞여 촉감이 좋지 않은, 게다가 실내온도마저 높아 진땀나는.

왜 이 옷을 입었을까 후회하는 순간부터 눈앞의 현상이 희미해지며 감정과의 싸움이 시작되는 그런 때가 있다.

요즘 내 마음은 바짝 마른 묵나물처럼 수분 기가 다 빠져버렸다. 좋은 것을 보아도 슬픈 일을 보아도 마음에 감동이 일지 않는다. 예전 같으면 웃어넘기든지 무시해 버릴 일이 마음에 걸려든다. 평소 소중히 여겼던 사람들에게도 섭섭한 마음이 생기고, 매사 자신감이 없다.

삼십여 년 해온 밥 짓는 일이 싫고, 남을 의식하며 사는 일이 버겁다. 퇴색해져 가는 사회에 대한 공포, 돈과 권력 앞에서 느끼는 심리적 압박감, 무엇보다도 잘살아야 한다는 인생에 대한 책임감이 부담스럽다. 그런 모습이 나이 들어 찍은 증명사진처럼 낯설다.

나는 누군가에게 감동을 주는 사람이고 싶었다. 내가 부르는 인생의 노래를 들으며 사람들이 위로받기를 원했다. 때론 교향곡처럼, 때론 왈츠처럼 살다가 나이 들면 누구나 기댈 수 있는 대중가요처럼 마음에 닿는 이고 싶었다. 하지만 언제부턴가 그 영역에서 이탈해 못갖춘마디처럼 살고 있다.

이화령에 올랐다. 해발 530미터, 높지 않은 곳인데 숨부터 가쁘다. 호흡을 고르며 바람을 지나고, 나무를 지나며, 계곡을 건넜다. 바람은 언제나 지나가는 존재로만 생각했는데 내가 바람을 지나고 있다. 그러는 사이 수많은 자동차 행렬이 나를 앞질러 이화령에 오른다. 자동차를 타고 가면 단숨에 오를 수 있지만, 옛사람들이 등짐을 지고 걸어갔던 길고 긴 길을 걸으며, 부족하여 처량 맞은 삶의 순간도 수족의 일부란 것을 확인한다.

길은 끝이 보이지 않는다. 가도 가도 고갯길이다. 정상을 올려다보니 자동차로 먼저 오른 사람들이 내가 걷고 있는 길을 내려다보고 있다. 나도 저들처럼 늘 앞서고 싶을 때가 있었다. 무슨 일이든지 잘해 내려 애를 썼고, 손 대접하기에 인색하지 않으려 노력했었다. 그런 일들이 때로 부담스럽기도 했지만 사는 일이 기쁘고 감사했었다.

그런데 지금 나는 사람들 속에 있으면서도 혼자다. 나이 듦을 인정하는 일이 두렵다. 더욱 참을 수 없는 일은 예전에 싫어했던 일을 나도 모르게 하고 있다. 예를 들면 신호등을 무시한다든지, 공짜를 좋아한다든지, 가족에게 무례한 행동을 서슴없이 저지른다. 안일하게 사는 동안 나도 모르게 세월의 때가 낀 것이다.

예전 이화령은 한양으로 가는 유일한 길이었다. 보부상도, 선비도, 조공행렬도, 농군도 이 길을 넘었다. 다리를 주무르고 허리를 두들기며 넘었지만 누구에게나 공평했던 길이다. 끝날 것 같지 않던 길이 끝을 보이기 시작한다.

힘겹게 올라서일까. 이화령에 부는 바람이 시원하다. 고달픈 옛사람들이 험하고 긴 인생길을 오르며 떨어뜨린 한숨이 이화령에 모여 바람이 된 것일까.

바람을 등지고 산 아래를 내려다본다.

어느 시인의 말처럼 "산 아래 산이 누워 있고 길 아래 길이 누워 있다." 그 길에 부족한 박자 같은 내가 누워 있다. 지휘자의 손끝에 따라 가볍게 나타났다 살그머니 사라지는 못갖춘마디. 공동체 소식은 언제나 뒤늦게 알고, 이재에 밝지 않고, 며칠 전 들은 이야기도 까맣게 잊는, 야무지지 못한 사람이다.

숨을 깊이 들이마셨다. 시원한 바람이 폐 깊숙이 들어가며 노폐물을 눈 밖으로 밀어낸다. 나를 인정해야 한다. 점점 세상일에 밀려나는 그도 나임에 틀림없다. 인정하는 데 시간이 걸리겠지만 이제는 만나야 할 것이다. 속마음을 드러내 햇살바지 해야 할 것이다.

내 안에 똬리를 틀고 앉아 있다가 과장되거나, 혹은 소외감으로, 때로는 서운함으로 나오는 실체를 만나야 하리라. 그래야 산 아래 산이 누워 있고, 길 아래 길이 누워 있는 세상에서 이탈하지 않을 것이다.

인생은 되돌이표처럼 반복의 삶을 살 수 없다. 혹여 돌아갈 수 있다 해도 온전히 갖춘마디가 되어 멋진 화음을 만들지는 못할 것이다. 그것이 신이 주신 인생인 것이다. 이제라도 할 수 있다면 셈여림의 조절을 적절히 하여 놓친 박자를 잘 추스르며 살아야 할 것이다.

꿈

유월이 아름다운 것은 장미꽃이 피기 때문입니다. 울안의 장미꽃은 아침을 활기차게 하고, 관공서 담장에 늘어진 장미꽃은 권위와 삭막함을 덜어줍니다. 회색빛 도시에 피어있는 갖가지 빛깔의 장미꽃을 보면 가슴 깊은 곳에서 알 수 없는 감사의 마음이 일어납니다. 별일도 아닌데 자꾸만 웃음이 나오고 누군가에게 따뜻한 말 한마디 건네고 싶은 마음. 이런 상태를 평온이라 말할 수 있겠지요. 근심 걱정 없는 상태, 무엇인가 충만하여 너그러워지는 상태. 이럴 땐 세상을, 이웃을, 미움을 다 품어 안을 것 같습니다.

산들바람 불어오는 유월의 저녁 나절은 사랑하기에 좋은

시간입니다. 할머니의 손을 잡고 공원에 나온 손주의 웃음과, 친구와 미래를 이야기하는 젊은이의 대화 속엔 생명이 넘쳐납니다. 모처럼 아내와 산책 나온 중년의 남편은 휴식과도 같은 편안함을 느낄 것입니다. 이렇게 아름다운 유월을 우리 모두가 공유했으면 좋겠습니다. 서로 위로하고 서로 격려하며 행복한 꿈을 꾸었으면 좋겠습니다. 논과 밭, 곡식과 채소, 바람과 햇살이 있어 농부는 행복하듯이 비록 사는 일이 힘겨워도 서로의 미소로 인해 가슴 따뜻했으면 좋겠습니다.

그런데 누가 이렇게 아름다운 계절에 촛불을 켜게 했습니까. 며칠 전 일이 있어 서울 안국동에 다녀왔습니다. 가는 날이 장날이라고, '광우병 소 수입 반대' 시위대와 마주쳤습니다.

수많은 이들이 "미친 소 반대, 행복하고 싶다, 협상무효, 소중한 사람이 있다."가 적힌 피켓을 들고 시청 광장으로 몰려가고 있었습니다. 촛불시위의 발단은 어느 학생으로부터 시작되었습니다. 2008년 4월 정부는 미국산 소 수입을 전면 허용했습니다. 당시 미국은 소의 체중을 늘리고 성장시키는 촉진제를 투여했고 광우병에 걸린 소를 통째로 갈아 먹였습니다.

인간에게 해가 되는 것은 물 보듯 뻔한 일이었습니다.

그 고기를 수입한다는 것이었습니다. 이 소식을 접한 학생이 인터넷에 광우병 소의 악영향에 대한 글을 올리며 청계천에서 촛불을 밝히자고 제안했습니다. 학생의 글은 물결을 탔고 청계천에 수천 명이 모여들었습니다. 100여 일 동안 이어진 촛불시위는 날마다 사회적 이슈가 되며 정치권에서도 대책을 수습하기에 이르렀습니다.

나는 피켓을 들고 말없이 행진하는 그들을 외면한 채 숙소로 향할 수 없었습니다. 누구도 내 손을 잡아끌지 않았지만 나는 그들 속으로 들어갔습니다. 이미 오래전부터 그들과 안면이 있는 것처럼 그들과 하나가 되었습니다. 솔직히 저는 나이가 들면서 집회를 별로 좋아하지 않았습니다. 더 솔직히 말하자면 나와 의견이 다른 것에 방관하는 편입니다. 내 생각과 다른 것이지, 틀린 것이 아니기 때문입니다. 그러나 수많은 촛불은 외면할 수 없었습니다. 그것은 누구의 잘잘못을 따지기 전 정부를 신뢰하지 못하는 우리들의 현실이 가여웠기 때문입니다. 유월의 아름다움을 누리지 못하는 우리들의 초상이 안타까웠습니다. 그 안타까움은 미얀마 어린이들이 태풍으로 부모와 재산을 잃고 몸부림치는 아픔과, 중국 쓰촨성 지진 속의 신음과는 또 다른 것이었습니다.

이제 진정한 아름다움이 무엇이며 배려와 절제가 무엇인

지 행복과 자유가 무엇인지 막 느끼려는 우리들의 마음에 또다시 대못이 박히고 있기 때문이었습니다.

구한말 쇄국정책을, 일제의 식민지를, 동족상잔의 6 · 25를, 유신을, 외환위기를 이겨내고 이제 겨우 한숨 돌린 우리 앞에 젊은이들의 취업대란이 놓여 있습니다. 이 한 가지 짐을 지기도 벅찬데 그 위에 또 다른 짐을 얹어주면 어찌 일어서라는 말입니까. 그것이 서러웠습니다. 물대포와 구둣발보다 그것이 더 무서웠습니다.

시위현장은 절박했습니다. 자신들이 먹어야 하는 급식이 걱정돼 참여한 학생들과 학부모들의 표정은 굳건했습니다. 대학생, 젊은이, 직장인의 표정은 비통했습니다. 진정으로 세상이 바뀌기를 기도하고 있었습니다. 인권이 보호받기를 염원하고 있었습니다. 매일 언론에서 나오는 수입 소고기를 익혀서 먹으면 괜찮다는 무책임한 방안은 그들을 더욱 슬프게 했습니다. 내가 아침마다 보는 유월의 장미꽃과 아침이슬은 그 어디에도 보이지 않았습니다. 감상에 젖어 있었던 나의 사치가 부끄러웠습니다.

감기도 자꾸 걸리면 만병의 원인이 됩니다. 가뭄이 오래 가면 땅이 갈라지고, 장마가 길어지면 뿌리가 썩습니다. 이제 모두 제자리를 찾았으면 좋겠습니다. 우리들의 소망은 재벌도, 중역도 거상도 아닙니다. 지긋지긋한 가난을 벗어나기 위해 '잘살아 보세'를 외치던 때는 돈이 목표였지만 우리의 정서와 목표는 돈이 전부가 아닙니다. 돈이 전부가 된 세상에서는 경제가 많은 것의 절대 기준이 되었고, 사람의 높낮이도 재산에 의해 좌우되었습니다. 그것이 피부 빛이 다른 사람들을 업신여기는 사태까지 불러왔으니 어찌 성공한 삶이라고 말할 수 있겠습니까.

우리가 추구하는 행복은 무엇인가 충만하여 너그러운 마음으로 유월의 바람에 감격하고 장미꽃 같은 사랑을 하고 유월의 들판처럼 평화로운 것입니다. 바른 먹거리를 먹고 합리적인 세상에서 마음껏 사랑하는 일입니다.

이것이 그렇게도 무리한 꿈일까요. 오늘도 장미꽃은 피었습니다. 유월인 것입니다.

별은 뜬다

달동네는 산비탈에 수직으로 떠 있다. 대개의 집은 평지에 짓지만 피란민들은 평지에 집을 지을 수가 없었다. 산비탈 자투리 땅에 하나 둘 판잣집을 지었다. 벽 하나 세우고 슬레이트 올려 집의 형태를 갖추기까지 여러 날 걸렸지만 포기하지 못했다. 기나긴 전쟁으로 인해 헐벗고 가난한 이들은 고단한 등짐을 내려놓고 하룻밤 쉬어야 할 공간이 필요했다. 마음도 몸도 겨울바람처럼 황량하기 그지없던 시절이었다. 엉덩이만 들이밀 수 있으면 먹는 일은 다음 일이었다. 내 집 마당에 윗집 지붕이 올라가고 윗집 지붕에 그 다음 윗집 변소가 올라가도 누구 하나 탓하지 않았다. 사생활보다 인간의 정을 목숨처럼 여겼다. 손바닥만 한 마당에 서로의 세간을 두고 네 것 내 것 없이 사용했다.

청주시 수동(수암골) 달동네 지번은 거미줄처럼 얽혀 있다. 서류상으로는 버젓이 주인이 있지만 서류상의 이름일 뿐이다. 아랫집 안방이 내 집 마당이 되고, 내 집 변소가 윗집 안방이 되기도 한다. 집과 집이 이어진 것처럼 사람과 사람도 붙어 있다. 방안에서 속삭이는 부부의 정다운 소리도 악다구니 싸움 소리도 훤히 보이고 들린다. 새벽마다 힘없이 들어오는 가장의 발소리가 들리고, 상급학교에 진학한 이웃집 장한 아들 소식도 안방에서 듣는다. 거미줄처럼 얽혀 살았지만 슬프지 않았다. 그래도 사랑을 나누고 자식을 낳고 길렀으니.

도시에서 올려다보는 달동네는 콩나물시루처럼 둥그렇다. 직각이 없다. 금세 굴러내릴 것 같지만 홍수에도 내려오지 않는다. 가난했던 사람들의 삶이 퇴적층을 이루어서다. 가슴에 묻어둔 인연과 떠나보내지 못한 그리움이 고스란히 남아 있어서일 게다.

그래서일까. 달동네에 들어서면 사금파리 같은 그리움이 온몸으로 달려든다. 의미를 알 수 없는 낙서에서, 금방이라도 떨어질 것처럼 흔들거리는 양철 대문에서, 나는 잊혀가는 과거를 읽는다. 산 아래 도회지로 돈 벌러 갔다 돌아오는 가장의 손에 들려 있을 동태 한 마리가 그립고, 어려운 살림을 이기지 못해 끝내 객지로 떠난 며느리가 허기진 배를 부여안고 돌아올 것 같다. 달동네는 이렇게 통증을 안고 세월을 걸어왔다.

반대로 달동네에서 청주 시내를 내려다보면 빌딩도 자동차의 행렬도 개미 떼처럼 보인다. 빌딩이 올라가고 휘황한 네온이 켜질 때마다 멀건 동탯국을 먹으며 소외감을 참아야 했던 수많은 사람들은 겨울 연탄을 들이고 김장을 하며 통증을 가라앉혔다. 연탄 실은 리어카가 들어서기도 좁은 골목에서 언 손을 부여잡고 얼마나 시린 가슴을 쓸어 내렸을지. 오늘도 골목길을 빠져 나가지 못하고 방황하는 바람에서 가난의 냄새를 맡는다.

불빛보다 별빛이 먼저 내려앉는 마을에 확성기가 등장해 도깨비방망이 두들기던 공약公約도 공약空約이 되고 몇 해 전, 시에서는 마지막 남은 달동네를 재개발구역에 넣었고 철거하기로 했다. 하지만 여러 가지 이유로 차일피일 미뤄졌다.

이때 주민과 함께하는 문화예술 프로젝트가 진행됐다. 지역에 속한 화가, 대학생, 주민들은 거미줄처럼 마음을 엮었다. 오래된 것들을 새것으로 재탄생시키는 작업이었다.

작업은 마을 초입부터 시작되었다. 어른들이 일터로 가고 남아있는 아이들이 골목에서 뛰어 놀던 모습이 되살아났다. 숨바꼭질, 고무줄놀이, 말뚝박기, 공기놀이는 아이들이 할 수 있는 최고의 유희였다. 놀이를 통해 꿈을 꿨다. 화가는 그것을 예술로 재탄생시켰다. 낡고 허물어진 담벼락에 꽃을 심고 굽은 골목에 피아노 건반을 들여놓았다. 목욕하는 여자를 바라보는 구공탄의 동그란 눈이 익살스럽고 담장 위 졸고 있는 고양이 한 마리 평화롭다. 그림 속엔 달동네의 역사가 숨어 있다. 가족의 생계를 위해 박스 쪼가리를 모아 등짐 지고 골목을 들어서는 노인의 굽은 등이 있고, 기성회비를 내지 못해 학교 가기 싫어 도망치는 뒤통수에 대고 고함치는 어머니의 처절함이 담장 안에서 새어나온다. 방안에서 밖을 내다보는 할머니의 주름이 반갑고 이빨 빠진 소녀의 웃음은 왜 눈물샘을 자극하는지. 예술은 생명이기 때문일 것이다.

여기까지가 좋았다. 여기서 멈춰야 했었다. 하지만 세상은 달동네를 그냥두지 않았다.

마을이 그림 속에서 되살아나며 과거에서 벗어나기 시작했다. 때 맞춰 드라마 촬영지가 돼 관광객이 찾아왔다. 노인들만 서성거렸던 골목에 청바지 입은 젊은이들이 줄을 잇고 일본인 단체 관광객 수도 날로 더해 갔다. 이와 함께 이재에 밝은 사람들도 들어왔다. 커피숍을 차리고 빵집을 차렸다. 일반 빵집에서 천 원 하는 소보로가 천오백 원 해도 없어 못 판다. 수직으로 서 있던 몇 채의 판잣집이 사라진 자리에 뚝딱 기계의 힘으로 지중해 마을을 세웠다. 이것을 다행이라 해야 할까.

과거를 유폐幽閉시킨 수암골은 사생활도 유폐되고 있다. 밤낮 없이 들이닥치는 관광객으로 인해 잠 못 이루고 샤워 한번 마음 편히 할 수 없다. 새롭게 개발된 수암골이 과거와 현재가 공존하며 잘살아 가고 있어 지역민들의 기대가 한껏 부풀어 있다고 사람들은 말한다. 하지만 누구도 그 뒤에 가려진 원주민들은 보려 하지 않는다. 그나마 양복점, 양장점, 수선집, 기능인의 집이 남아 있어 얼마나 다행인지 모른다.

마을 초입에 자리한 삼충상회 들마루엔 오래된 골목처럼 오래된 노인들이 앉아 있다. 관광객이 떨어뜨리고 간 부가가치도 아메리카노 한 잔도 이들에겐 도시의 빌딩만큼이나 소용없으니, 아침을 먹고 나오면 종일 이곳에서 보낸다고 했다. 나는 속으로 물었다. 왜 경로당에 가지 않느냐고.

노인은 눈으로 말했다. 도시에서 일을 마치고 돌아오는 가장이 꽁꽁 언 동태 한 마리 들고 돌아올 것 같다고. 떨어진 운동화 신고 하교하는 아들이 금방이라도 골목에서 나타날 것 같다고. 나는 왜 이쯤에서 영화 「미션」이 떠올랐을까. 자신들의 땅을 빼앗기고 폭포를 뛰어넘어야 했던 인디언들이…….

쓰러진 담장에 야생화가 피고 세련된 건물과 상호가 달동네의 지번을 다시 그리고 있지만. 멍석에 누워 떨어진 별똥별을 주워본 기억은 지울 수가 없어서일까.

수암골엔 오늘도 별이 뜬다.

낙지 먹는 날

어시장은 팔딱거린다.

총천연색 등산복 차림의 관광객과 비닐 앞치마를 두른 상인들의 거래에 힘이 넘친다. 싸고 질 좋은 것을 구하려는 사람들과 제값을 받으려는 상인들의 홍정이 팽팽하다. 조금이라도 후하게 산 것 같으면 먹는 이의 배가 부르고, 잘 팔았다 싶으면 상인의 주머니가 배부르다. 다 정해진 대로 돌아가는데 사람들은 내가 조금 더 이득을 보아야 행복을 느낀다.

수족관에서 생물들이 자리다툼을 하고 있다. 철 만난 꽃게는 단단한 등딱지를 모로 세우고, 광어는 왼눈을 위로 굴리며 은근슬쩍 낮은 포복을 취한다. 전복은 얌전하다. 수족관에 허연 뱃가죽을 붙이고 꿈쩍도 하지 않는다. 등 위에 다른 놈이 달라붙어도 애써 쳐내지 않는다. 낙지는 염치도 없다. 상대방 머리통에 다리를 척 걸쳐놓고 태연하다. 뻘 속에서 치열한 삶에 승리한 녀석은 치열하게 살아가는 인간의 손에 잡혀 다시 치열하게 살고 싶은 사람에게 힘을 공급한다. 해서 나는 대천항에 가면 낙지를 먹는다.

최선을 다해 산 낙지는 거짓말을 하지 않는다. 그 힘찬 여덟 개의 다리에 진주 같은 빨판이 수족관에 붙어 떼어지지 않는 것만으로도 힘이 솟아나게 한다. 그것을 먹어야 한동안 힘차게 살 것 같은 욕구를 불러일으킨다.

낙지는 생명을 쉽게 놓지 않는다. 난도질의 횟수가 거듭될수록 뻘 밭을 기던 흡반의 힘으로 접시 위에서 몸부림친다. 그 힘과 젓가락의 싸움이 묘한 식감을 불러일으킨다.

입 속으로 들어간 낙지가 적당히 몸부림 칠 때 느껴지는 그 밀착된 맛에서 나는 강한 생명력을 느낀다.

나는 오늘 이 녀석들 중에서 선택을 해야 한다. 힘깨나 쓰는 녀석을 찾고 있는데 단골 상인이 어찌 보았는지 반갑게 인사를 건네며 다가온다.

“언니 왔으면 이리로 와야지 어디서 구경을 해요.”

몇 년 단골집이다. 모르면 믿고 먹자라는 생각에 정해

놓은 가게다. 알아서 주겠지. 몇 번은 알아서 잘 주었다. 한데 언제부턴가 죽은 낙지가 두어 마리씩 딸려 왔다.

망설이다 다른 가게에서 사려고 했지만 늘 들키고 말았다. 하는 수 없이 단골가게에서 낙지를 사기로 한다. 오늘은 정신을 바짝 차려야겠다. 내가 아무리 눈을 크게 뜨고 있어도 주인은 나보다 한 수 위라는 것을 모르는 바 아니지만 정신은 차리고 볼 일이다.

주인의 손은 제멋대로 휘어지는 낙지 발보다 더 빠르게 휘어진다. 정확히 말하면 눈과 손이 따로 논다. 눈은 싱싱한 놈을 보는데 손은 어느새 힘 없는 놈을 잡아 고무 통에 넣는다. 순식간이다. 고무 통은 이내 저울로 옮겨지고 저울 바늘이 제자리를 잡기도 전 낙지는 고무봉지에 담긴다. 찰나다.

그래도 나는 보았다. 오뉴월 돼지 불알처럼 축 늘어진 낙지머리가 주인 손에 잡히는 것을. 하지만 나는 이것도 안다. 이미 고무 통 속에 섞여 있는 녀석을 꼭 집어서 그건 아니라고 이야기하지 못한다는 사실을. 언젠가 옆 가게에서도 그런 일이 있었지만 싸움의 끝은 손님이 욕 한 바가지 먹는 패배였었다. 비실거리는 놈 다리 가랑이를 잡아 늘리며 이게 어디 죽은 놈이냐고 고함을 칠 때 신기하게도 녀석은 다리를 꿈틀거리며 주인 편을 들어 줬었다.

그것까지도 주부 구단은 안다, 낙지는 마지막 숨을 거둘 때까지 몸부림친다는 사실을. 펄펄 끓는 물 속에서도 적당히 몸부림쳐 연포탕의 진가를 높여준다는 사실을.

오늘도 어시장은 팔딱거린다. 그리고 나는 낙지를 먹을 것이다.

별 하나 나 하나

별 하나

32개월 손녀 지후가 빗속으로 뛰어가 눈을 감습니다. 옥수수수수염 같은 머리칼 위로, 훤히 드러난 탁구공만 한 어깨 위로 빗물이 떨어집니다. 비는 아프지 않게 살살 내려줍니다.

바람은 잠시 길을 비켜 줍니다. 입가에 번지는 웃음. 점..점..점... 작은 몸이 아래 위로 흔들립니다. 아이는 지금 우주를 안고 있습니다.

물기를 닦아주며 세상에 나와 처음 맞아보는 비의 느낌이 어땠는지 차마 묻지 못했습니다.

별 둘

아무리 마음을 먹어도 사위는 사위인가 봅니다.

아들 대하듯 등짝도 쓰다듬고 손도 덥석덥석 잡지 못하니 말입니다.

그런 백년손 사위 손을 요즘 원없이 잡고 있습니다.

손녀가 이끄는 대로 모두 손을 잡고 둥글게 동요에 맞춰 율동을 합니다.

그런데 꼭 사위 손과 내 손을 붙여줍니다. 사위 손이 참 따뜻합니다.

별 셋

조카딸 돌잔치에 갔습니다.

사위네 가족도 참석을 했습니다. 행사가 진행되기 전 음식이 들어왔습니다.

수프를 들고 온 청년이 수프를 손녀 머리 위에 쏟았습니다.

수프는 머리에서 얼굴로 얼굴에서 옷 위로 금방 흘러내렸습니다.

순간 딸과 사위 얼굴이 얼음이 되었습니다. 컵에 있는 물을 머리에 부었습니다.

다른 사람의 눈에 띄지 않으려고 조용하고 신속하게 움

직였습니다.

손녀는 울지 않고 지어미가 하는 대로 몸을 맡겼습니다.

다행히 수프가 뜨겁지 않아 데이지는 않았지만 많이 놀랐습니다.

돌아오는 차 안에서 지어미 귀에 대고 손녀는 말하더랍니다.

무서웠는데 울지 않았다고. 그 말을 듣고 왜 눈물이 핑 돌던지요.

별 넷

아침부터 밖이 소란합니다. 아저씨 둘이 줄에 매달려 유리창 청소를 합니다.

커다란 호스가 뿜어내는 물줄기가 안으로 들어오는 것 같아 깜짝 놀라곤 합니다.

커튼을 치자니 좀 미안하고 밖을 의식하지 않고 있으려니 그도 편치 않습니다.

소파에 앉아 옥수수를 먹다 아저씨와 눈이 딱 마주쳤습니다.

이목구비 또렷한 40대 중반 건장한 얼굴이 웃었습니다.

그의 치아가 옥수수 알보다 더욱 실해 보입니다.

별 다섯

서울특별시 종로구 북촌에서는 어떤 선물도 빛이 나긴 쉽지 않습니다.

3년 전 받은 은혜를 마음에 묻고 있었습니다. 몇 가지 선물을 생각했다 포기하기를 몇 차례. 마침 친구 농장에서 친환경농법으로 키운 사과를 몇 상자 구입했습니다.

올해 시범적으로 키운 사과라 가까운 지인들에게만 선을 보인다고 했습니다.

농부의 거친 손등처럼 때깔도 없고 균형도 잡히지 않았지만 맛이 깊었습니다.

북촌의 숙성된 맛과 비슷했습니다.

사과 한 상자를 북촌으로 보냈습니다.

며칠 후 고가의 아이크림이 당도했습니다. 되로 보내고 말로 받았습니다.

다음날 내 얼굴에서 주름 몇 개 달아났다고 문자를 날렸습니다.

사과 같은 얼굴을 보여줘야 한다는 답신이 날아들었습니다.

늘 이렇게 살 수 있으면 좋겠습니다.

별 여섯

누군가 내게 보내준 선물을 놓고 기도하는 오랜 습관이 있습니다.

농사지어 보내주신 먹거리는 특별한 감사가 따릅니다.

보내주신 쌀자루 위에 손을 얹고 그간의 노력을 위해 앞으로 그가 받을 복을 위해 기도하다 보면 쌀자루 위로 눈물이 쏟아집니다.

오늘도 과분한 그림을 선물 받았습니다. 로또 같은 분에 넘치는 선물입니다.

한 영혼을 위해 과감히 활시위를 던져준 화가의 용기가 고마웠습니다.

그림 위에 손을 뻗었습니다. 두 팔 벌려도 끝에 닿지 않았습니다.

눈을 감았습니다. 투병생활을 하면서도 그림을 놓지 않았던 화가의 고통이 느껴졌습니다. 오직 한길을 가기 위해 감내해야 했던 인내가 고마웠습니다.

그의 건강과 그의 그림을 위해. 오래도록 서 있었습니다.

그가 같은 청주에 사는 것이 자랑스럽습니다.

별 일곱

성당 마당에 자전거가 돌아가고 있습니다.

머리칼이 하얀 할아버지를 태우고 돌아갑니다.

자전거와 할아버지는 이미 한몸처럼 움직입니다.

코너를 돌 때 한쪽으로 기울어지는 할아버지의 얼굴이 조금 웃고 있는 것 같습니다.

다음 날도 다음 날도 할아버지와 자전거는 마당을 돌았습니다.

세상에 아무것도 없는 것처럼 앞만 보며 자전거를 타는 할아버지.

일주일쯤 지나고 말을 걸었습니다. 운동 중이시냐고.

할아버지는 빙그레 웃었습니다. 나는 할아버지가 아니고 늙은 신부라고.

이렇게 자전거를 타고 있으면 엄마가 보고 싶어진다고.

엄마! 엄마! 부르며 자전거를 탄다고.

나도 엄마를 애타게 불렀던 적이 있습니다.

내가 수술을 하던 날은 오빠의 정년퇴임식이 있던 날이었습니다.

가족들은 퇴임식장에 갔지만 엄마는 가지 못했습니다.

수술을 마치고 마취에서 깨어나던 나는 엄마를 몇 번이고 부르더랍니다.

그때 내가 없었으면 어떻게 할 뻔했느냐고 엄마는 지금도 눈시울을 붉히십니다.

'엄마.' 세상에서 가장 깊고 성스러운 단어입니다.

별 여덟

허벅지에 알이 뱄습니다.

앉고 일어설 때마다 발을 옮길 때마다 근육이 땅겨 고통스럽습니다.

달걀이나 개구리 알은 생명을 탄생시키지만

허벅지에 박인 알은 고통만 안겨줍니다.

연초 받은 건강검진 결과를 들여다보던 의사는

근육이 건강에 미치는 영향에 대해 단호하게 말했습니다.

체질적으로 힘든 운동을 싫어하는 내게 근력운동은 도전이었습니다.

아령을 들고 앉았다 일어서기를 반복합니다.

무엇이든 적당히 고통이 오기 전 딱 그만큼만하고 살아온몸은 고통을 쉽게 받아들이지 않습니다.

하지만 멈추고 싶은 고통을 넘어서야 근육은 만들어집니다.

인생 역시 적당히 살 수 없습니다. 고통을 견디는 만큼 무뎌집니다.

■ 작품해설

긍정의 미학, 수필가의 힘

정아경(수필가 · 문학평론가)

1. 프롤로그—희망 때문이다

희망이 절실한 시기다. 희망이 부재한 사회에 희망을 심어주는 것은 불안을 극복하고 새로운 도전을 하게 하는 용기의 씨앗이다. 희망이라는 단어가 우리에게 주는 가능성은 무한하다. 다가올 미래에 대한 기대감, 지금보다 더 잘될 것이라는 가능성을 담보한다. 삶과 죽음, 성공과 실패, 만남과 이별처럼 희망은 절망이라는 극한을 이겨내는 밝은 세계의 언어다. 좌절의 늪에 빠져있는 누구에게 희망의 손을 내미는 방법은 다양하다. 김윤재에게 수필은 그런 희망이다. 그녀가 전하는 희망은 전지전능한 위치에서 말씀을 내리는 희망이 아니다. 희로애락이 교차하는 삶의 터전에서 함께 넘어지고 함께 일어나자고 손 내미는 유대의 희망이다.

김윤재는 작고 연약한 동물에 가깝다. 그녀를 바라보고 있으면 약하고 여린 동물을 보는 듯 어떤 위압감도 느껴지지 않는다. 누군가에게 위압감을 주지 않는다는 그 하나만으로도 삶의 절반은 희망으로 채운 셈이다. 쉽게 다가가 다정히 말 걸 수 있는 낮은 담장을 가진 김윤재가 말하는 희망 찾기는 에세이스트 38호(2011. 7~8)에 문제작가 신작특집 작가의 변에서 찾을 수 있다. 그녀는 이렇게 쓰고 있다.

> 아버지는 복숭아에 대해 아는 게 많으셨다.
> 꽃눈을 보며 작황을 예측하셨고 나무의 형태를 보며 건강상태를 알아내셨다
> 아버지에게 있어 복숭아는 처자식을 건사하는 경제의 원천이었기에
> 그곳에 삶의 전부를 던지셨기 때문이다.
>
> 한데 내가 지은 글에는 느낌이 없다.
> 빛깔이 좋은지 맛이 있는지 감이 오지 않는다.
> 오일장에 내놓기 부끄러운 도사리뿐이다.
> 글 짓는 일에 나의 전부를 던지지 못한 까닭이다.

그럼에도 도사리를 버리지 못하는 것은 그중 더러 맛있는 것이 있지 않을까 하는 희망 때문이다.

—「작가의 변」 전문

도사리는 다 익지 못한 채로 떨어진 과실을 말한다. 그녀는 자신의 글도, 자신의 삶도 도사리에 비유한다. 작가는 잘 익어 상품으로 팔려나가는 열매와 나무 아래에 떨어진 도사리를 무수히 보았을 것이다. "더러 맛있는 것이 있지 않을까 하는 희망 때문이다."라는 문장에서 작가의 시선을 짐작할 수 있다. 삶은 상처를 훈장처럼 늘려가는 것이며 그것은 맛있는 도사리처럼 삶의 묘미임을 은유한다.

작가론은 그 작가의 심연을 들여다보는 작업이다. 인간이라면 누구나 심연을 지녔으며 그 심연은 좀체 드러나지 않는다. 뜻밖의 어려움을 만나는 지점에서 심연은 드러난다. 그런 측면에서 수필가는 자신의 속을 드러내는 그룹이다. 행간에 숨겨둔 작가의 심연을 찾아내는 작업 역시 비평가의 몫이라고 생각한다. 꼼꼼히 오래도록 그의 작품을 들여다보고 있으면 어느 순간 그 사람이 보인다. 김윤재의 작품을 읽는다는 것은 김윤재와 함께한다는 의미였다. 작가론을 쓴다는 것은 한 작가가 내 곁으로 오는 어마어마한 사건임을 느낀다. 수필집 『그 돌아갈 수 없는』은 김윤재가 독자의 곁으로 다가가는 통로이다.

2. 문학, 그것!—「변명」하자면

한 작가를 이해하는 것은 쉽지 않다. 이해라는 말은 오해라는 또 다른 여지를 동반하기 때문이다. 내 스승은 연구자에게 중요한 태도는 작가를 이해하는 것이 우선이라고 늘 강조하셨다. 그런 다음에 작가론을 써야만 온전히 작가를 이해할 수 있으니 선행해야 할 작업은 그 작가의 문학의 기원을 찾아야 한다는 것이다. 그가 문학을 하게 된 근원, 그것을 문학의 우물이라고 하셨다. 김윤재라는 작가의 문학의 뿌리가 되는 것은 무엇일까라는 질문을 시작으로 작품집을 읽었다. 필자는 작품 「변명」에서 그 답을 찾아본다.

> 그가 새우등을 취하며 돌아누웠다. 등은 젖어 있었다. 병든 몸과 답답한 현실을 벗어나려 몸부림치는 흔적이 묻어 있는 것 같았다. 끈질기게 달라붙어 떨어지지 않는 질병이 그의 등을 더 굽어지게 하는 것 같았다. 내 등이 시려왔다.
>
> …… (중략) ……
>
> 나는 가만히 그의 목덜미 속에 손가락을 집어넣었다. 등은 넓고 따뜻했다. 아늑해졌다. 하늘이 내려앉은 것 같았다.

그는 내 얼굴을 끌어당겼다. 어둠으로 인해 그의 눈빛을 볼 수 없다는 것이 다행이었다. 나는 문득 작은 벌레가 되어 그의 등 속으로 기어 들어가 살고 싶다는 생각이 들었다.

"너를 고생시키는 일이라도 결혼하고 싶어."

이슬도 뒤채지 않을 만큼 숨죽여 중얼거렸다. 그 소리는 그가 내게 들려준 언어 중에서 가장 낮고 무거웠다. 밤보다 깜깜하게 들렸다. 하지만 어떤 선물보다 감동스러웠다.

—「변명」 부분

「변명」에 등장하는 그는 이루어지지 않은 첫사랑일 것이다. 그녀는 그와 가정을 이루지 못했다. 여러 이유를 필자와 독자는 추측할 수 있다. 「변명」을 작가의 문학적 근원으로 읽은 까닭은 미안하고 안쓰러운 마음으로 작가를 그리워할 그에게 "나 걱정 마. 이렇게 잘살고 있잖아."라고 말하고 싶었을 것이다. "작은 벌레가 되어 그의 등 속으로 기어 들어가 살고 싶"게 했던 그녀의 절절함은 문학이라는 장에서 승화하지 않고는 견디지 못할 불덩이다. 불덩이를 안고 태연히 살아간다는 것은 속을 태우는 고행이다. 눈이 크고 깊은 작가를 물끄러미 바라보면 아직도 소녀 같은 순수함을 발견할 수 있다. 「변명」은 채우지 못한 결핍과 상처를 한 폭의 정물화처럼 묘사하고 있다. 「변명」을 읽노라면 여린 등을 가진 그녀를 어루만져 주고 싶다. 우리는 이런 감정을 감동이라고 한다. “밤보다 깜깜한” 아픈 청춘은 누구에게나 있고, 그것을 끌어안고 사노라면 “어떤 선물보다 감동”스럽기에 「변명」은 우리 모두의 이야기이기도 하다.

> 살아가는 일은 이따금 향수를 먹는 것이다. 끝이 보이지 않는 길에 서 있는 향수, 어린 날을 생각하면 벌레 먹은 복숭아가 떠오르고 복숭아가 떠오르면 아버지가 떠오르고 그 뒤에 그림자처럼 대학생 오빠가 따라붙는다. …… 과수원엔 행정중심 복합도시가 들어서고 바라보는 것만으로도 눈부셨던 오빠는 대령으로 예편한 지 오래전이다.
>
> ―「그 돌아갈 수 없는」 부분

> 꽃샘추위가 아무리 심해도 복사꽃은 폈고, 태풍이 순식간에 잘 익은 과일을 휩쓸어가도 이듬해 열매는 또다시 붉어지는데 지나간 시간은 영원히 돌아오지 않는다. 이 평범한 진리가 나를 돌아갈 수 없는 시간 속에 서 있게 한다. 신음조차 들리지 않는 향수를 먹게 한다. 벙어리소녀가 막 사랑을 시작한 세상에서…….
>
> ―「그 돌아갈 수 없는」 부분

기억은 재현이 아니다. 기억은 선택되어진 과거의 재구성이다. 기억을 통해서 말하는 것은 현재성의 본능이다. 「변명」에서 시작된 김윤재의 문학은 「그 돌아갈 수 없는」에서 정점을 찍는다. 문학의 영역에 경계를 짓는 것은 무의미하지만 이번 수필집에 수록된 작품론으로 본다면 「그 돌아갈 수 없는」은 고지에 선 김윤재를 떠오르게 한다. 「그 돌아갈 수 없는」에서 작가는 잠시 가던 길을 멈추고 뒤돌아보고 있다. 후회는 없으나 다시 돌아오지 않는 붉은 과거에 대한 애상이 가득하다. 이제 한숨 돌리고 내려오는 느린 걸음을 준비하면 된다. 눈부신 오빠는 지금도 곁에서 함께 늙어가고, 그녀는 아직도 성장 중이니까.

필자는 「변명」과 「그 돌아갈 수 없는」에서 김윤재 문학의 근원을 논했다. 작가는 동의할지 의문이다. 그렇다면 「노을도 생리통을 앓는다」를 읽어보자. "지금 내게 없는 풍경", 즉 과거는 애틋하기 마련이다. 지나는 시간의 발자국을 따라가면 현재의 내가 있다. 과거가 있기에 존재하는 나, 현존재의 내가 과거를 그리워하는 것은 그것이 지금 내게는 없기 때문이다. 김윤재가 추억하는 과거는 뭉클하고 에로틱하다.

> 햇살 좋은 날 알 수 없는 묵직함이 심장을 건드리면 소창 생리대를 차고 싶어 안달이 난다. 한 필로 평생을 사용했지만 아직도 짱짱하다. 내 마음도 짱짱하다. …중략… 저녁나절 거실에 앉아 햇볕에 바짝 마른 생리대를 곱게 접었

다. 심줄 도드라져 깡마른 손이 하얀 생리대와 묘한 조화를 이루었다. 청춘과 욕망이 함께 말라버린 생리대에서 바람 소리가 들렸다. 좀 전까지 시리던 몸이 뜨거워졌다.

—「노을도 생리통을 앓는다」 부분

풍경을 이해하는 것은 그 풍경을 바라보는 시선에 의해 규정된다. 새로운 풍경은 새로운 시선에서 비롯된다. 바라보는 시선의 각도에 따라 긍정이 되기도 부정이 되기도 하는 것을 우리는 역사에서 배웠다. 더 이상 생리대가 필요 없게 된 작가는 "햇살 좋은 날", "묵직함이 심장을 건드리면" 생리대가 차고 싶다고 한다. 되돌아보니 참으로 아름다웠던 풍경이다. 그 때는 그 때의 아름다움을 모른다. 지난 후에야 그 시절이 얼마나 아름다웠는지 알게 되는 법이다.

그 시절 내가 살았던 기와집 뒤란은 장독대, 개나리, 감나무, 장미꽃 가득한 이브의 정원이었다. 그곳에선 여성들만의 은밀한 일들이 이루어졌다. 생리대의 뒤처리는 그곳에서 했다. 세숫대야 미지근한 물에 생리대를 담가 놓으면 물감을 풀어 놓은 듯 붉은 물이 흘러 나왔다. 말갛던 물이 점점 붉어지면 가슴이 콩닥거렸다.

—「노을도 생리통을 앓는다」 부분

“이브의 정원”이라고 명명한 작가의 은밀한 공간은 성스럽고 에로틱하다. 막 생리를 시작한 소녀의 설렘과 여인의 달콤함 그리고 짙은 모성까지 잉태한 이브의 정원은 마치 에덴동산처럼 한 여자로 탄생하여 성장하는 작가의 성지로 읽힌다. 「노을도 생리통을 앓는다」의 이브의 정원은 지금 혈기왕성하게 생리중인 그녀들에게도 없는 풍경이다. 질 좋은 일회용품이 넘쳐나고 아무 곳에서나 갈아치울 수 있다. 한번 사용한 것은 휴지통에 버려진다. 「노을도 생리통을 앓는다」는 자신의 혈이 물감을 풀어놓은 것처럼 황홀한 빛을 내는지도 모른 채 청춘을 일회용처럼 소진하는 세대에게 아름다운 현재를 놓치고 있지 않는지 묻는다. 작가가 풀어 놓은 단어와 문장은 작가 의식의 산물이다. 그래서 소창 생리대는 김윤재의 여성성을 유감없이 발휘하는 언어다. 노을빛이 된 그녀지만 노을도 생리통을 앓는다는 것은 여성으로서의 현재성을 강조한다. 언제까지나 여자일 수밖에 없는 화자의 심리를 시적 언어로 은유함으로써 이 작품은 문학성을 획득한다.

수필만큼 시의성을 내포하는 문학은 없다. 수필은 작가의 생생한 목소리를 기록하는 작업이다. 너무나 일상적이고 문제적이지 않아 당대에 주목받지 못하기도 한다. 지금 김윤재가 쓰고 있는 언어는 그녀의 시선을 넘어 우리들의 시선이기도 하다. 김윤재의 언어는 김윤재의 시선이, 그리고 우리들의 시선이 담겨있다. 허공으로 사라져버리는 음성언어와는 달리 활자화된 언어는 기록의 차원으로 이해된다. 먼 훗날 우리의 후손들은 잃어버린 우리들의 풍경을 김윤재의 작품에서 추론할 것이다. "빨랫줄에 널린 소창 생리대는 빨간 벽돌집과 어우러져 한 편의 시가 되어 펄럭"였던 김윤재의 언어는 역시 한 편의 시였던 당대 여인들의 풍경이기도 한 까닭이다.

3. 삶은 그림이다 — 「유화 한 점」과 「가지 치기」

수필이라는 장르는 매력적이다. 그러나 수필의 문학성만을 강조하는 평론가의 글을 읽으면 수필은 아직도 결핍덩어리이고 그 결핍을 채우기 위해 부단히 노력해야 한다. 물론 동의한다. 수필가의 양적 증가는 수필의 질적 하락을 의미하는 것이기도 하니까. 문학의 서자 운운하며 시의 창조성과 도전성을 요구하는 비평을 읽으면 시적인 수필을 써야 할 것 같고, 소설의 서사와 갈등의 부재를 질타하면 소설 같은 묘사를 꿈꾼다. 그러나 필자는 수필은 시와 소설에 가닿지 않는 결핍이 수필의 정체성이라고 믿는다. 그들이 풀어내는 수필은 어떤 장르보다 진솔하고 따뜻하다.

수필가 김윤재가 풀어내는 희망도 수필의 가능성을 유감없이 드러내준다.

2부에 수록된 작품 「유화 한 점」과 「가지 치기」는 김윤재의 대표작이다. 엄마라는 X좌표와 아버지라는 Y좌표를 기반으로 두 작품을 읽어본다. 먼저 「유화 한 점」을 읽어보자. 「유화 한 점」에 대한 시각은 평자의 견해에 따라 다르다. 두 평자의 문장을 인용해본다.

> ① 내 생애 가장 아름다웠던 그림이 실은 삶에 지친 이 땅의 아낙이 그려낸 슬픈 그림이었던 것을 알게 됐다. 왜 찔레 순을 꺾으며 시간을 끌었는지, 외가에 당도해 안으로 들어서지 못하고 느티나무 아래로 걸어갔었는지, 동생에게 젖을 물리고 하늘을 바라보았는지
>
> —「유화 한 점」 부분

> 「유화 한 점」이 지닌 자전적 이야기는 작가 자신과 어머니를 동일시하는 데서 시작되고 마무리된다. 줄거리가 남편을 대신하여 식량을 빌리러 친정에 가는 아내의 이야기일지라도 의식의 주체는 작가이다. 체화의 이야기이므로 수필에 등장하는 인물들은 작가의 페르소나로서의 일면을 보여준다.
>
> — 박양근, 「김윤재론」 중에서

② 어머니는 찔레순을 꺾어 내게 주었고, 길에 나뒹구는 돌멩이를 고무신코로 툭툭 차기도 했다. 그러다가 산그늘에 앉아 동생에게 젖을 물렸다. 나는 신이 났다. 찔레순을 먹으며 망아지처럼 흙길을 뛰어다녔다. …… 딸에게 있어 어머니는 그리움이다. 장독에서 꺼내주는 홍시의 달콤한 맛이고, 젖비린내고 햅쌀밥에서 나는 쫀득함이다.

— 「유화 한 점」 부분

이 작품이 뛰어난 것은 어머니에 대한 그리움이 이 유화 속에서 오감으로 그려지고 있다는 것이다. 시각뿐만 아니라 청각, 미각, 촉각이 모두 동원된다. 까치 소리, 햅쌀밥의 쫀득함, 고무신으로 돌멩이를 툭툭 차는 소리, 흙길의 먼지 등이 그대로 눈 안에 들어찬다. 홍시의 빨간색, 하얀 햅쌀밥, 연초록색의 찔레순, 까만 돌멩이, 흙길, 장독 등, 다채로운 색상들이 읽는 이의 마음을 호사스럽게 한다. 구성 또한 시간적 나열 방법이 아닌 액자구성법으로 창작수필의 기본 형태를 이루고 있다.

— 이관희, '비평' 중에서

미술의 여러 기법 중에서 유화는 융합되지 않는 두 가지의 액체에 계면 활성제를 넣어서 두 가지를 하나의 캔버스에 그리는 방법이다. 융합되지 않는 두 가지의 액체를 서로 다른 환경에서 자란 남자와 여자라고 한다면 계면 활성제는 둘 사이에서 태어난 자식이다. 유화의 장점은 그린 부분에 다시 덧칠을 할 수 있다는 것이다. 엄마가 바탕그림을 그려놓으면 딸이 색깔을 입히고 완성하듯 「유화 한 점」은 어머니와 딸의 풍경이 겹쳐 읽힌다. 「유화 한 점」에서 김윤재는 화가이다. 내 가정이라는 자화상이 아니라, 부모라는 초상화를 그리는 화가의 위치에서 그녀는 이 작품을 완성하고 있다. 어머니의 이야기를 통해 작가 자신의 페르소나를 보여준다는 비평도 (인용 ①), 오감을 살려내었다는 비평(인용 ②)도 옳다. 어머니가 연출한 삶이라는 캔버스를 직관하고 감정을 이입한 「유화 한 점」은 김윤재의 삶의 좌표이기도 하다.

「유화 한 점」에서 김윤재는 이렇게 말하고 있다.

> 친정으로의 여행은 가부장적인 사회로부터 모계사회로 돌아가는 세월여행이다. 현실 속에 존재하지 않거나 혹은 잃어 버렸던 옛 기억을 떠올리는 시간, 어머니는 그곳에서 무엇을 찾고 싶어 하셨던 것일까. 삶의 무게보다도 아버지의 자존심을 세워드리기 위해 참았던 세월의 덧없음일까. 채마밭 입구에 남아 있는 샘물의 산문 같은 정겨움을 느끼기 위함이었을까. 한데 그림에서 빠진 것이 있었다. 어머니의 어깨너머로 야트막한 산 하나가 배경되어 있었다. 나는 황금빛 물감으로 산 하나를 그려 넣었다.
>
> —「유화 한 점」 부분

나이가 든 것은 서로 닮는다고 한다. 딸은 엄마를 닮아가고, 그 딸은 엄마가 되어 딸의 모델이 되는 이어짐을 우리는 거부하지 않는다. 팔순 노모를 모시고 외가를 찾아가며 작가는 "친정으로의 여행은 가부장적인 사회로부터 모계사회로 돌아가는 세월여행"이라고 정의한다. 위 세대 여자들에게 태를 묻었던 고향과 유년의 순수가 고스란히 남아있는 친정은 요람 같은 곳이다. 여자라는 사회적 약자로 살아가는 세월이 길수록 친정은 간절한 그리움이 된다. 한 생을 마감하는 나이의 여자에게 친정에로의 회귀는 마치 순례처럼 성스럽다.

> 나는 살아오면서 수많은 그림을 보았다. 슬프고 정겹고 아름다운 그림을 찾아 인사동 거리를 헤매고 다녔지만 느티나무 아래서 서성이던 한 여인을 그린 그림보다 깊은 울림을 준 그림을 만나지 못했다. 덜커덩거리는 달구지에 앉아 아이에게 젖을 물리던 등 시린 여인의 모습보다 더 깊은 삶의 내력을 담고 있는 그림을 보지 못했다.
>
> —「유화 한 점」 부분

김윤재에게 있어 「유화 한 점」은 엄마가 살아낸 삶을 온전히 이해한 딸이 바치는 헌사다. 엄마라는 X좌표에 방점을 찍어도 문제 될 것이 없는 작품이다. 아버지라는 Y좌표로 「가지 치기」를 읽어보자. 「가지 치기」는 2007년 『에세이스트』에서 선정한 올해의 작품상을 받아 독자에게 더욱 친숙한 작품이다.

> 어린 딸은 사람이 늙는다는 사실을 몰랐다. 그저 봄이 오면 복숭아꽃이 피고, 아버지는 당연히 밭에서 일하는 줄 알았다. 그 모습이 아버지 모습인 줄 알았고 영원할 줄 알았다. 이제 아버지는 과수원 다녀온 날이면 꿈을 꾼다고 하셨다. (중략)
>
> 오늘도 그는 허공에 대고 전지를 하다 잠에서 깨었다. 가늘고 힘없는 손이 침대 위로 떨어졌다. 복숭아 상자를 번쩍 들어올렸던 팔이라고 믿어지지 않는다. 그의 팔뚝에 꽂힌 링거주사를 빼고 물오른 복숭아나무 새순을 꽂아드리고 싶다.
>
> —「가지 치기」 부분

김윤재에게 있어 아버지는 인생의 기도였다. 「가지 치기」 작품에서도 언급했지만 작가는 아버지가 돌아가시는 것을 인정하고 싶지 않았다. 심지어 아버지는 늙지도 않는 존재로 여겼다. 그런 아버지가 병상에 누워 죽음만을 바라보고 있는 시점에 쓰여진 「가지 치기」는 작가의 애절한 감정들이 끓고 있는 작품이다. "팔뚝에 꽂힌 링거주사를 빼고 물오른 복숭아나무 새순을 꽂아드리고 싶"다는 표현은 절실함의 정점이다. 가지 치기하고 나면 이듬해 새순이 나듯 아버지의 죽음을 받아들이고 싶지 않은 작가의 절절함은 복숭아나무 새순을 아버지의 혈관에 꽂는 것으로 환유된다. 젊은 피를 공급하면 복숭아나무 새순 돋듯 회복하실 것만 같은 심정이다. 그것은 인간의 힘으로 어찌할 수 없을 때 신께 떼를 쓰듯 매달려 보는 심정이었을 것이다.

그녀에게 아버지는 사상의 뿌리이다. 실패를 겪고 실수를 저지르는 평범한 남자도 아버지라는 이름으로 불리는 지점에서는 그 대상의 희망이고 커다란 산이다. 아버지라는 변치 않는 사랑이 없었다면 여린 그녀는 무수히 흔들렸을 것이다.

4. 문학의 힘—「동행」

우리는 무엇으로 움직이는가. 공자 말씀에, 예수 잠언에 삶의 지표를 세우고 수정한다. 심오한 철학자의 문장에 오랜 해독을 하는 것도 마찬가지다. 그들의 깊은 사유와 성찰에 경이를 느끼고 동경하게 된다. 그러나 때로는 곁에서 "나도 그때 그랬어."라는 누군가의 목소리가 더 큰 위로가 되기도 한다. 문학이론에서 인물의 특성은 작품의 개성을 결정짓는다고 해도 과언이 아니다. 수필에서의 인물은 '나'

라는 1인칭 화자라는 특성이 굴레이기도 하지만 장점이기도 하다. 수필의 화자는 작가 자신이라는 카테고리로 사건을 이끌어 나가고 해석한다. 수필은 비극보다는 희극에 더 가깝다. '내가 살아냈다.'는 육체성만큼 설득력 있는 문학이론은 없다. 우리는 세기를 넘나드는 철학자의 사색이나 명언에만 위안을 느끼는 것은 아니다. 작가가 이야기하는 삶과 일상성 그리고 그들이 말하는 한 줄의 지혜에 밑줄긋게 되는 것은 글쓴이 역시 나와 다르지 않은 삶의 현장에 동행하고 있다는 동료의식 때문이다.

> ① 한라산이 나를 받아들였다는 믿음으로 출발했지만 한라산은 역시 한라산이었다. …… 숨이 목까지 차오르고, 땀은 빗물인 듯 흘러내렸다. 종아리는 금방이라도 끊어질 것 같았고, 짙은 안개비로 한치 앞도 분간하기 어려웠다.
>
> ② 1980년 그를 믿고 혼인을 했지만 결혼 생활은 생각처럼 달콤하지 않았다. 나라에 계엄령이 선포된 상황이었다. 새신랑은 신혼여행에서 돌아온 즉시 회사로 복귀했고 달콤하리라 여겼던 신혼의 밤은 두려움의 연속이었다. (중략) 한밤중에 긴급 전화를 받고 나가면 며칠씩 소식이 없어 애간장을 태웠다.
>
> —「동행」 부분

「동행」은 한라산 등반과 결혼 생활을 대입하여 서술하고 있다. 제주의 랜드마크인 한라산과 인생의 랜드마크인 결혼은 멀리서 바라보면 낭만이고 유토피아다. 인용 ①은 산 초입에 들어섰을 때의 자신감, 중턱에서 느끼는 육체의 한계를 서술하고 있고, 인용 ②는 신혼의 환상, 현실이 되어버린 결혼생활을 서술하고 있다. 「동행」은 삶의 정상을 향해 묵묵히 걸어가는 여정으로 풀어내고 있다. "누군가 터벅터벅 걸어가며 찍어 놓은 고단한 삶의 발자국이 끝없이 이어졌고, 산등성이는 허물이 벗겨져 있었다."라는 표현에서 삶을 직시하는 작가의 의식을 짐작해 본다. 문학의 리얼리즘이 설득력 있는 것은 생생한 현장성 때문이다. 김윤재가 겪어낸 삶은 녹록지 않아 보인다. 작가는 "죽을 것 같은 고통을 서너 차례 겪은 후 도착한 정상은 마취 상태"라고 정의하고 있다. 포기하고 싶도록 가혹하고, 죽고 싶도록 고통스러운 힘겨움을 서너 차례 겪고 당도한 정상은 나쁘지 않아 보인다. 물론, 그녀는 삶을 다 살아버린 상태도 아니고, 삶의 진리를 깨달아버린 초월자도 아니다. 아직도 갈등하고 고뇌하며 또 다른 고비를 넘고 있을 것이다.

그때 연인의 모습 그대로 두었어야 했다. 둑길에 앉아 있던 꿈 많고 정 많은 연인의 모습 그대로 좋았었는데, 그 안과 밖에 무엇을 덧칠할 것 없이 아름다웠는데, 결혼이라는 크레파스로 마구마구 덧칠을 한 것이다. 결혼을 하면 더 아름다운 그림이 그려질 줄 알았는데, 백록담 정상처럼 안개도 있고 상처도 있는 것을 몰랐다.

—「동행」 부분

「동행」은 김윤재의 작품들 중에서 리얼리티가 두드러지는 작품이다. 어떤 미화도 덧칠도 없다. 담담하게 지난 시간을 되돌아보는 작가는 "누군가와 함께하는 일은 통증이 있어야 단단히 여문다."로 귀결된다. 시간의 터널을 지나며 충분한 경험으로 깨달아버린 세상은 고통의 바다이며 위로받을 수 없다는 것을 알게 되는 과정이다. 우리가 글을 쓰고 읽는 것은 어쩌면 삶의 본질을 깨달아버린 그 순간에 넘어지지 않기 위해서는 아닐까. 삶은 본질적으로 고독하지만 그럼에도 불구하고 살아볼 만한 가치가 있다는 것을 공감하기 위해서 말이다. 그런 말을 하고, 들으며 위로받고자 함일 것이다. 삶의 목표가 목숨을 부지하는 것만이 아니기에 고통의 결을 지키는 것이다. 고통에 찬 숭고하고 존엄한 그 무엇을 증명하기 위해서 읽고 쓴다면 「동행」에서 김윤재가 내민 손을 잡고 우리는 동행할 수 있다. 그 아픔까지도.

김윤재와 이미 동행하고 있다면 또 다른 작품 「이만하면」을 읽어보자.

> 이런 마당에 맞아 죽을 소리지만 나는 올해도 수십 억을 벌었다. … (중략) … 석류나무는 올해도 어른 주먹보다 큰 스물두 개의 석류를 우리에게 주었다. 값으로 환산하니 22억이다.
>
> —「이만하면」 부분

땅은 투자가 목적이고 그 위에 지은 집은 자본의 혜택을 누리는 여유의 대명사인 시대다. 자고로 자본의 시대다. 무한 경쟁과 무한 자유라는 신자유주의 시대에 자본을 가진자는 승리자로 간주된다. 「이만하면」을 집필할 당시 작가는 마당이 있는 주택에서 살고 있었다. 마당 있는 주택을 헐어서 건물을 올려 상가를 분양한다면 쏠쏠한 재미를 볼 법하다. 하지만 자본과 거꾸로 가는 셈법을 하는 작가의 해학이 유쾌하다. 탐스러운 석류로 수십 억을 벌었다는 그녀의 두둑한 여유는 사람 풍년인 작가를 상상하게 한다. 빠름만이 살아남을 수 있는 시대에 지친 우리는 느린 공간에서 비로소 쉬게 되듯 작품 「이만하면」은 쉼표다.

오래된 것은 조금 불편하긴 하지만 편안하다. 흠집이 날까 조심하지 않아 좋고, 손에 익숙해 낯설지 않다. 누구의 제지나 법에 매이지 않고 내가 원하는 대로 할 수 있다는 것은 행복이다. 자유로움이다. 바보처럼 사는 사람에게 주어지는 축복이다. …… 고민이다. 22억을 나눠 쓰자는 사람이 한둘이 아니다. 임신이 잘 되지 않아 고민 중인 옆집 며느리, 천식을 앓는 뒷집 할머니, 갱년기를 겪고 있는 동년배. 이만하면 부자 아닌가.

—「이만하면」 부분

김윤재 수필의 묘미는 스스로 체득한 사건을 재평가하고 현재화한다. 이는 독자에게 여운을 던져주기보다는 작가의 입장으로 유도하고 곁을 내어준다. 아직 가보지 않은 삶의 어느 지점에 이정표를 정해주고 의미화 한다. 「꽃들에게 희망을」의 애벌레는 힘겹게 도달한 정상이 아무것도 없다는 사실에 허무감을 느낀다. 먼저 나비가 된 노랑애벌레의 애정어린 눈빛을 따라 번데기로서의 시간을 겪어내고는 마침내 나비가 된다. 김윤재 수필은 먼저 살아낸 선배의 애정 어린 눈빛이며 손짓이다. 또한 앞서 살아간 선배들에게는 위로이며 동의이기도 하다. 그녀가 풀어주는 새로운 의미들은 언제나 희망적이다. '이만하면'은 '괜찮아'로 읽어도 소통된다. 그녀가 열어놓은 세계를 같이 성찰하고 나면 여유가 생긴다. 김윤재 수필의 궁극의 지향점이 휴머니즘에 있다는 증거다.

5. 삶은 사람, 사랑이다—「당숙」

4부에 배치된 작품들은 대부분 사람 이야기다. 인력 시장에 나가는 「장 씨」, 행정수도 계획으로 황금완장을 기대하고 농지를 팔아넘기는 고향 사람들에 대한 안타까움이 절절한 「완장」을 비롯하여 그녀가 애정을 가지고 있는 고향 사람들 이야기다. 특히 「당숙」은 사람에 대한 작가의 총체적 사상을 집약해 놓은 작품이다.

> 중환자실에 있었다. 여러 날 음식을 거부한 것으로 보아 세상 놓을 준비를 하는 것 같다고 당숙모는 말했다. 순간 가슴이 뜨거웠다. 세상을 향해 소리치고 싶었다. 그러나 당숙의 눈에서 유약 같은 눈물이 흘러내려 나는 아무런 말을 하지 못했다. 그의 마지막 남은 자존심 같았기 때문이었다.
>
> —「당숙」 부분

평생 옹기만 굽고 살았던 당숙은 행정도시가 들어서면서 구획정리로 옹기막을 비워줘야 했다. 개발이 어떤 이에게는 노다지를 얻는 기회이기도 하겠지만 당숙에게는 돈으로 환산할 수 없는 가치를 잃는 뼈아픈 현실이다. 개발에 홍

청거리는 신도시의 홍분 속에서 고유의 가치를 잃어버림에 대한 아픔을 공유할 수 있는 작가와 당숙은 서로를 깊이 이해하는 마음의 의지처이다. 깨진 옹기를 밟으며 당숙의 정맥을 밟고 있다고 느낄 정도로 작가는 당숙의 삶에 밀착되어 있다. 당숙이 아낀 만큼 작가 역시 당숙을 따르고 존중했을 것이다. 글쓰기와 도자기 빚는 작업은 혼을 바쳐야 가능하다는 것을 아는 작가다. 그런 작가에게 당숙의 눈물은 한 예술가의 고단했던 삶이 누추하지 않았음을 기록하게 했을 것이다. 「당숙」은 자본의 논리에 밀려 쓸쓸히 퇴장한 예술가의 삶이 결코 패배가 아님을 말하고 있다. 예술가에게 온전한 이해와 존중은 전부를 내주어도 바꿀 수 없는 숭고한 가치다. "당숙의 눈에서는 여전히 유액 같은 눈물이 흘러나왔다."는 마지막 문장은 당숙의 삶을 아포리즘으로 표현하고 있다.

「당숙」에서 흘렸던 눈물을 닦고 「배알 꼴리거든」에서 웃어본다.

> 자본주의 사회에서 살아남으려면 시원한 배설이 필요하듯 아주 가끔 조간술을 핑계 삼아 서너 마디의 욕으로 세월을 비웃어 보면 어떨까. 이것 또한 소비문화가 되지 않을까. 끝없는 욕망과 채워지지 않는 욕심, 버려지지 않은 욕심 이것을 어떻게 배설할 수 있겠는가. 고상한 척 고운 말만 쓰고

살 수 있겠는가. 배알 꼴리는 일이 있는가. 세상이 그대를 아프게 하는가. 속리산에서 조깐술에 취해 볼 일이다.

―「배알 꼴리거든」 부분

"이 술은 원래 조껍데기 술인디 청주 사람들은 조깐술이라고 햐."

나는 조깐술에 콧바람을 넣어 말했다.

―「배알 꼴리거든」 부분

「배알 꼴리거든」은 동기들과 속리산 등반을 하고 난 후에 마신 막걸리에 대한 유쾌한 일화를 담은 작품이다. 문학에 치료라는 단어를 넣어 성황을 이루는 작금의 현실에 필자는 못마땅하다. 치료라는 단어는 그에 해당하는 행위자 모두를 환자로 보는 시선부터 동의할 수가 없다. 문학은 행위 그 자체로 이미 치유를 포함하고 있다. 트라우마를 가지지 않고 사는 이가 있을까. 종교나 문학, 예술, 노동 등 삶의 총체적 행위는 트라우마를 치유하는 과정이다. 다른 의미로 해석하면 우리는 위로받고 싶다. 살기 위해서 하는 일과 만나는 사람과의 대화는 온통 사건에 집중한다. 잘살고 있지만 지난 시대보다 행복하다고 장담할 수 있을까. 돈 문제는 말할수록 허기지지만 행복은 이야기할수록 충만하다. 매일은 아니더라고 오로지 행복을 이야기하고 싶은 순간, 우리는 진정 위로받고 싶은 것이다. 「배알 꼴리거든」은 그런 의미에서 한바탕 웃겨주는 작품이다. 때로는 가족보다 편한 그룹이 오랜 친구다. 유년을 함께 보낸 동창들 모임은 유난히 시끌벅적하다. 직위도 자존심도 내려놓고 한판 노는 모임에 동참해 보자.

30년 넘게 드나든 교회 다락방 냄새는 과연 어떨까. 손녀에게서 나는 생명의 냄새는 또 어떨까. 김윤재에게는 너무나 익숙한 이런 냄새들은 작가의 존재를 지탱하게 하는 힘이다. 존재의 방이 하나일 수 없듯이 김윤재를 지탱하는 존재는 다양하다. 수필이 그런 것이며, 오랜 친구가 그럴 것이다. 「거기 누구 없소」는 골계 미학이 돋보이는 작품이다.

> 이제 조금 알 것 같다. 냄새만으로도 알아차릴 수 있는 것이 많다는 것을. 더부룩했던 속도 허기를 느끼게 하는 빵 굽는 냄새, 30년 넘게 드나드는 교회 다락방 냄새, 낡은 책에서 뿜어내는 곰팡이 냄새, 손녀에게서 나는 생명의 냄새, 그들의 실체는 볼 수 없지만 불명료한 쾌감과 자극으로 알아차린다. …중략… 특히 멋진 남자가 피우는 담배 연기는 마술처럼 마음을 설레게 한다.
>
> —「거기 누구 없소」 부분

김윤재는 담배 피우는 남자를 옹호한다. 아무래도 "늘 북숭아밭 밭둑에 앉아 담배를 피우셨"던 아버지에 대한 긍정적인 시각에서 연유한 것일 것이다. 정작 본인은 사회적인 편견과 삶의 굴레를 벗어날 용기가 없어서 담배를 배우지 못했다. 사회적 시선에서 좀 자유로워진 지금 그녀는 다시금 담배에 대한 미련을 고백한다. "단지 손가락이 짧고 코가 낮아 담배 문 모습에 입체감이 없어 염려되지만, 밭고랑에 걸터앉아 고개를 좌로 젖히고 담배를 피우는 노파처럼, 느티나무 아래 앉아 무료한 여름을 이기기 위해 담배를 문 채 졸고 있는 노인처럼 당당"하게 담배를 피우겠노라 장담한다.

맵시 있다는 말과 잘 어울리는 그녀다. 그녀는 타인의 허물이나 흠을 눈감아준다. 긴 시간 지켜보다 보면 왜 흠이 보이지 않을까마는 그녀는 이해의 달인이다. 사람과 사람 사이에 어떤 확신이나 단정은 불가능하다고 믿는 그녀다. 어른으로 사는 것이 오해를 견디는 일이고, 이해를 기본으로 하는 일이라지만 그녀라고 지치지 않을 수 없을까. 그럴 때 그녀는 담배를 피우고 싶어한다.

"거기 나와 친구 할 사람 없소?"

라는 물음으로 마무리한 「거기 누구 없소」는 발표되자 반응이 후끈했다. 많은 동료들은 그녀와 담배 친구를 하겠노라 약속했다. 골초인 끽연자들은 동료들의 금연으로 허전했던 차에 김윤재의 제안에 반가움을 감추지 않았다. 또한 예비 끽연자들도 나무젓가락을 입에 물고 입체감 있는 포즈를 연출하였다. 유쾌한 후일담이었다.

「당숙」, 「배알 꼴리거든」, 「거기 누구 없소」는 작품마다 다양한 문체를 선보이는, 김윤재 글쓰기의 특징을 확인해 준다. 김윤재의 글에 사람냄새가 난다. 막 바깥에서 도착한 신산한 공기를 묻혀 안의 열기를 바꾸어 놓는다. 낯선 공간에서 자연스럽게 잘 섞이되 자신만의 온도를 유지하는 쾌적하고 선선한 봄바람을 연상케 한다. 자리에 맞는 표정을 지을 줄 아는 작가다. 이제, 그녀는 아버지의 사랑을 친구들과 나누려는 나이에 와 있다. 비극과 희극을 함께 나눈 동시대의 친구들에 대한 작가의 시선은 「고추잠자리 울음 들리지 않은가」에서 찾아본다.

> 비정한 가을은 그렇게 아이들을 성장시키며 깊어갔던 것이다. 붉디붉은 고추잠자리 꼬리가 쌓여가는 만큼 가을은 무서리를 불러오고 있었던 것이다. 생은 휘어진 대로 길이 되고 높낮이대로 언덕이 된다는 이치를 터득했던 것이다. 이미 슬픔을 정해 놓고 툭하면 눈물 짜는 약한 아이들이 아니라 처참히 죽어간 잠자리 꼬리를 보며 이를 악물었던 것이다. 찢어진 날개에서, 잘려나간 머리에서 삶의 처절함을

배웠다. 그리고 역사의 한가운데서 가난을 몰아내고 민주화의 주역이 되었다. 지난날의 가난과 아픔을 덧칠하지 않아도 가슴 울리는 아름다운 삽화를 그려낸 것이다.

—「고추잠자리 울음 들리지 않은가」 부분

6. 에필로그—다시 희망이다

우리를 지배하는 것은 무엇일까. 윌리엄 셰익스피어는 시간이야말로 인간을 지배한다고 했다. 지난 시간의 편린들을 생각해 보노라면 시간의 진정한 무게는 막중하게 인식된다. 한 시절을 풍미한 과거라는 시간은 순식간에 역사의 저편에 서 있지만 그 과거의 시간으로 오늘의 우리가 올곧게 서 있다면 과거는 결코 가벼이 여길 수 없다. 인류의 역사든, 한 나라의 역사든, 개인의 역사든 과거라는 시간의 결이 펼쳐내는 무늬는 숭고하다. 글쓰기는 고된 작업이다. 한 편의 글은 과거와 경험이라는 날실과 씨실의 완성체라 할 수 있다. 그동안 여러 잡지에 발표된 수필들을 모아 책으로 묶는 것은 개인에게는 무척 의미 있는 작업이다. 한 권의 책은 한 작가의 생이 담긴 노동의 결과물이다. 퍼즐놀이 하듯 그녀의 수필들로 그녀의 작가론을 논하는 것 역시 흥미로운 작업이다.

"인생은 살 만하다. 아무리 사소하고 보잘것없는 이야기라 할지라도" 작가의 말이다. 이는 "자유인의 지혜는 죽음에 대한 숙고가 아니라 삶에 대한 숙고이다."라고 말한 스피노자의 말과 다르지 않다. 삶이 내 의지와 계획대로 풀리는 것만은 아니다. 그래서 삶을 살아낸 자는 위대하다. 삶은 높낮이나 질량으로 측정할 수 없는 고유한 가치를 가진다. 깊숙이 들어가 속내를 들여다보면 절박하고 감동스럽지 않은 삶은 없다. 삶의 위대성이 살아있게 하는 것은 기록이다. 김윤재의 글에는 언제 어느 때나 열기가 느껴진다. 뛰는 심장으로 바라보는 현실에 대한 시각은 그녀 수필의 특징이 된다. 그녀가 풀어내는 수필에서는 언어의 박동이 활발하다. 과거를 추억하되 과거에 매몰되지 않는다. 과거라는 거인의 어깨 위에 현재라는 그녀를 긍정하는 열정이 가득하다. 김윤재의 수필이 개인의 심장 박동소리일지라도 이 글은 우리 시대의 심장 소리로 대표될 것이다. 기록이 가지는 가치다.

필자는 김윤재론을 "희망 때문이다."로 시작했다. 김윤재의 문학의 근원이 「변명」과 「그 돌아갈 수 없는」이라면 「노을도 생리통을 앓는다」는 김윤재 고유의 언어를 발명하는 문학적 완성도를 유감없이 보여준 작품이다. 3부는 「동행」뿐만 아니라 달동네 벽화 작업이 소재인 「별은 뜬다」와 방아깨비와 함께 여름을 나는 「여름은 그렇게 가고 있었다」는 작품 역시 휴머니티를 흠씬 느낄 수 있는 작품이다. 작가의 심미적 눈물의 원천은 누렁이에 대한 안타까움에서 비롯되어 “거대한 슬픔”으로 인식한 「유희는 끝나지 않았다」 역시 수작이다. 「유화 한 점」의 어머니의 현재를 그린 「겨울은 익어간다」는 끝나지 않은 삶의 현장성을 보여준다. 많은 작품을 언급하고 싶었다. 주어진 지면이 안타까울 뿐이다.

그녀는 내게 원고 뭉치를 보내며 조금은 부끄러워했고, 조금은 조심스러워했다. 그녀의 원고를 받아 든 나는 조금은 부담스러웠고, 조금은 설레었다. 올여름 필자는 김윤재의 작품 속에서 놀았다. 카페에서, 자동차 안에서, 늦은 밤 식탁 위에서…. 행복했다. 평자의 입장이라고 하기에는 객관성을 잃어버린 엉터리 평자가 되어버린 까닭이다. 김윤재론을 쓰면서 절감한 것은 수필이 문학으로서의 무력감이 아니라 평자의 모자란 능력이었다. 비평이 문학의 이론적 접근이나 작품 해석의 기준이란 프레임으로 쓰여야 한다면 이 평문은 낙제다. 필자가 읽은 몇 권의 문학이론은 소설과 시에 해당하는 이론이었으며 우리 문학에 대한 이론보다는 서구의 근대 문학이론이 대부분이었다. 문학이론으로 수필을 해석하기 이전에 선행되어야 하는 것은 수필을 긍정하는 것이라 믿는다. 수필이란 장르는 태생적으로 민중적이다. 수필은 어느 형식으로도 모방하거나 흉내낼 수 없는 민족 고유의 문학 형식이다. 책으로 묶어진 김윤재 수필은 한 시대의 삶을 옹골차게 그린 풍속화 같다. 그녀의 녹록지 않은 삶이 응축된 작품에 필자가 박수 보내는 까닭이다. 그녀의 수필집을 덮으며 우리는 다시 희망을 이야기하게 될 것이다.

김윤재 수필집

그 돌아갈 수 없는

인쇄 2015년 12월 1일
발행 2015년 12월 10일

지은이 김윤재
발행인 서정환
펴낸곳 수필과비평사
주소 서울시 종로구 삼일대로 32길 36(익선동 30-6 운현신화타워 빌딩) 305호
전화 (02) 3675-5633, (063) 275-4000 · 0484
팩스 (063) 274-3131
이메일 sina321@hanmail.net essay321@hanmail.net
출판등록 제300-2013-133호
인쇄 · 제본 신아출판사

저작권자 © 2015, 김윤재
이 책의 저작권은 저자에게 있습니다. 서면에 의한 저자의 허락없이 내용의 일부를 인용하거나 발췌하는 것을 금합니다.
COPYRIGHT © 2015, by Kim Yunjae
All rights reserved including the rights of reproduction in whole or in part in any form.
저자와 협의, 인지는 생략합니다.
잘못된 책은 바꿔 드립니다.

ISBN 979-11-5933-006-3 03810

값 13,000원

이 도서의 국립중앙도서관 출판예정도서목록(CIP)은 서지정보유통지원시스템 홈페이지(http://seoji.nl.go.kr)와 국가자료공동목록시스템(http://www.nl.go.kr/kolisnet)에서 이용하실 수 있습니다.(CIP제어번호: CIP2015033086)

Printed in KOREA

이 책은 문예진흥기금을 지원받아 발간하였습니다.